天下麒麟榜

那些年的那些謀士們 4

《大元・大明・大清篇》

前言

日本前首相吉田茂在《激盪的百年史》一書中曾說，中華民族「是東方最優秀的民族」。中華民族之所以優秀，不僅僅在於她勤勞、勇敢，而且在於她的智慧。這種智慧在歷代謀士身上得到了典型的體現。

這裡所說的謀士，不是指會耍點小聰明的人，而是指為上司出謀劃策、能謀善斷，成就了一番大事業的謀略家。本書所選取的都是歷代謀士中有代表性的人物。書中所述事蹟都有史實根據，沒有無中生有的編造。為了便於廣大讀者閱讀，本書一改學術論文式的寫作形式，力求通俗易懂，行文生動形象，不大段引用艱澀的古文，而在使用時譯為白話。書中儘可能少加注釋或不加注釋，對所據主要文獻在文後一併列出。

每篇都以時間為經，以人物事蹟為緯，既簡要交代出人物生活的大背景，又儘量突出謀士個人的活動。尤其是對於能影響事件進程的主要謀略多著筆墨，力求寫出其謀略的主要影響和特徵。

在一個競爭激烈的時代，謀略比知識顯得更重要。謀略和知識是有區別的：知識是對已經存在的事物的瞭解，謀略則是對尚未發生的事件的預測和判斷；講知識是為了求知，講謀略是為了致用。謀略是對知識的綜合運用，但又不完全受知識的制約，而更主要的是謀士個人的敏銳和隨機應變。從書中可以看出，有的謀士並不是學富五車的飽學之士，但卻往往能料事如神，出奇制勝。

中國自古以來就十分重視謀略，視謀略為國家興亡、事業成敗的關鍵。《孫子兵法》實際上就是講謀略的軍事教科書。書中提到：「上兵伐謀，其次伐交，其次伐兵。」這裡所說的「上兵伐謀」，就是要達到「不戰而屈人之兵」的目的，自然是「善之善者也」。有一句流行的俗語說：「狹路相逢勇者勝，勢均力敵謀者成。」這都強調了謀略的重要。

謀略與通常的道德觀念是格格不入的。道德觀念溫情脈脈，而謀略則顯得嚴酷和冷峻。這是因為，謀略面對的是敵對營壘，而不是親朋好友，所以總是「策劃於密室」，唯恐讓外人知道。從這個意義上來說，就是「陰謀」。洩謀歷來為兵家之大忌。但是，這裡所說的謀略，要比一般陰險小人的陰謀詭計高明和博大，而且面對的主要是敵對營壘，故能為大家所接受和欣賞，視之為制勝的必要手段。

中國歷史上存在著發達的謀略文化。它是中國大文化的一部分，文化蘊含十分深厚。看一下春秋戰國時期的歷史舞臺就不難發現，活躍於舞臺上的主要就是一些謀士。他們四處遊說，兜售自己富國強兵、克敵制勝的謀略，希求一用。當他們不能被任用時，就顯得悽悽惶惶、就苦惱、就「孤憤」。中國的謀略文化與西方的宗教文化不同，強調的是人事，是「治國安邦平天下」，強國富民。正因如此，一些謀略家對推動中國歷史的發展發揮有益的作用。

謀士們都有幾個共同的特點。一是功利性，或稱之為實用性。他們設謀都是以利害為出發點，目標是奪取勝利。為了實現這種目標，他們對天、地、人及各種事物的考察都帶有功利化的色彩。二是競爭性。謀士最活躍的時期就是競爭最激烈的時期。為了進取，為了克敵制勝，謀士的謀略就閃爍起耀眼的光彩。三是靈活性，或稱之為隨機性。對於謀士來說，任何理論和經驗都只具有相對的、有限的意義。他們更主要的是依靠對形勢的瞭解和直覺，在錯綜複雜和瞬息萬變的情況下獻計獻策，以出奇制勝。四是保密性。謀士們都是密謀策劃，洩密就意味著失敗。

由於謀士個人接受的教育和信仰不同，其謀略也表現出不同的特色。例如，儒家以攻心為上，實際上就是將道德功利化。法家則較為嚴苛和冷酷，像吳起為了贏得魯國信任而「殺妻求將」，這在儒家士人中就難以找到。道家更講究以靜制動，以柔克剛。魏晉時期崇尚黃老，王導和謝安都持之以靜，緩和了南北士族和新舊士族之間的矛盾，使東晉政權獲得百餘年的安寧。信奉佛道學說的謀士不貪圖祿位，像李泌、劉秉忠和明代的姚廣孝，他們平時以皇帝的賓友自居，事急則前來獻謀，事成則遊於名山或退居寺觀，官位如同虛授。縱橫家的謀略則主要表現在遊說和辯難上，例如張儀、蘇秦即是其典型代表。

歷代謀士所表現出來的謀略和智慧，對中國社會產生了極其深刻的影響，成為中國人民文化生活的重要內容。不要說一般讀書人對他們的事蹟知之甚詳，即使目不識丁的鄉間老農，也能神采飛揚地說上幾段出奇制勝的智謀。像「明修棧道，暗度陳倉」、「聲東擊西」、「知彼知己，百戰不殆」等俗語，更是婦孺皆知。

今天，全國上下都在為實現現代化而奮鬥，市場經濟中所表現出來的競爭性越來越激烈，人們越來越了解到知識和人才的重要。歷代謀士為我們提供了巨大的智慧寶庫，人們至今仍可以從中得到有益的啟發和借鑑。我們同時希望，對於尊重知識、尊重人才社會風氣的形成，本書能發揮某些積極的推動作用。

謀略可以治國安邦，但為心術不正者所利用也會禍國殃民。就謀士本人來看，也有缺點，也有失算的時候。有的謀士在功成名就之後變得昏昏然，結果自身不保，即是明證。如果一個人過分地倚重計謀，就會變得詭詐和自私，不利於維護社會正義和公平。謀略文化像其他的古代文化一樣，也存在著精華和糟粕。因此，今天我們在吸收其精華的同時，也應剔除其糟粕部分。正是出於這種考慮，書中所選都是對歷史進步或多或少有所貢獻的人物，而對那些雖有計謀但屬於奸邪之徒的人物則不予收錄。

本書收錄範圍上起先秦，下至近代，現代人物未收。在收錄時既考慮到人物的代表性，又考慮到時代性，即每一個大的朝代都有人入選。細心的讀者或許可以看出，受時代的影響，不同時代的謀士也表現出了不同的特色。

由於篇幅所限，有些頗為出名的謀士也沒有選入。有的謀士雖然很出名，但因事蹟太少，難以成篇，也未入選。對於書中入選的謀士，書中的分析和評述也難保十分準確和恰當。對此，尚祈讀者指正。

書稿成於多人之手，雖經主編反覆修訂，但行文風格仍不盡一致，請讀者見諒。本書最初由山東人民出版社於一九九七年出版，今經修訂，得以在遼寧人民出版社再版，我感到十分高興。其間，梁由之先生極力推薦，話語中充滿著對文化事業的執著和虔誠，令人感動。遼寧人民出版社的艾明秋女士精心籌劃，為本書的出版付出了大量的心血，謹在此一併致以誠摯的謝意。

晁中辰

目錄

耶律楚材傳

晁英起

當人們如數家珍般列舉中國古代謀士的時候，就會發現，所列舉的大都是漢人。其實，在我國少數民族中也有不少傑出的謀略家。其中，耶律楚材就是十分引人注目的一個。他是契丹族人，歷輔成吉思汗、窩闊台兩大汗，在拖雷監國時亦受重用，為蒙元統治者出謀劃策，促使蒙古逐步漢化，建立起多種封建制度，為元王朝的建立立下了汗馬功勞。

一、博覽群書，初登仕途

耶律楚材（西元一一九〇～西元一二四四年），字晉卿，號湛然居士。稍有點歷史知識的人都知道，與北宋長期對立的遼就是契丹人建立的，耶律楚材是遼東丹王突欲的八世孫。其父名耶律履，因學識和德行出眾而臣事金世宗，官至尚書右丞，極受信任。

在耶律楚材三歲時，其父即死於任上。其母楊氏知書達理，自幼教他讀書識字。耶律楚材天資聰穎，又勤奮好學，故年齡稍長即博覽群書。他不僅讀儒家經典，而且對天文、地理、律歷、術數、醫學無不研究，對佛學和道家學說也頗精通。他才思敏捷，下筆為文思如泉湧，一揮而就。因此，親朋好友都知道他是個奇才，日後必有大的作為。

按照金朝的禮制，宰相的兒子可以照例補試為中央機關的屬官。耶律楚材自恃才高，不願以恩蔭入仕，便請求參加進士科考試。但金章宗不許，命他仍循舊例。金章宗知道耶律楚材的才能出眾，每有疑難事就徵求他的意見。當時，和耶律楚材同時應試的共十七人，耶律楚材的成績最優。於是，他先在禁中做一個普通屬官，不久即升為開州（今河南濮陽）同知。

耶律楚材生長於戰亂年代。當時，金統治著北部中國，南宋偏安江南。金和南宋長期對峙，關係時好時壞。這時，北邊蒙古大草原上的形勢發生了急劇的變化，鐵木真逐漸統一了蒙古各部，自稱大汗，即歷史上著名的成吉思汗，亦即元太祖。隨著成吉思汗力量的增強，便想擺脫金的控制，因而金與蒙古的關係也緊張起來。到金章宗末年，成吉思汗對金已拒不奉命。金章宗自然十分生氣，並一度想害死成吉思汗，但未得逞。成吉思汗得知後，便毅然斷絕了與金的從屬關係。不久金章宗死去，金宣宗繼位。面對成吉思汗咄咄逼人之勢，金宣宗便將公主送給蒙古，企圖以和親換取喘息之機。但是，金宣宗對成吉思汗仍不放心，害怕成吉思汗說不定哪一天就會率軍南下，會京師不保，於是，金宣宗在和成吉思汗達成和議後，立即將京師由燕京（今北京）遷至汴京（今河南開封）。此時，金宣宗提升耶律楚材為員外郎，在燕京留守。

成吉思汗在得知金遷都的消息後，十分惱怒，認為金訂和議只是緩兵之計，並不真心與蒙古和好，遷都即是明證。於是，金宣宗貞祐三年（西元一二一五年），成吉思汗親率大軍伐金，很快攻下燕京，耶律楚材被蒙軍俘獲。成吉思汗久聞耶律楚材是個賢才，不僅沒有殺他，而且親自召見。耶律楚材身材高大，聲若洪鐘，長長的鬍鬚在胸前飄動，氣色非凡。成吉思汗暗自稱奇。鑑於契丹人建立的遼被金所滅，而耶律楚材是契丹族人，所以成吉思汗就對耶律楚材說：「遼、金為世仇，朕將為你報仇雪恨。」耶律楚材不僅不感恩，反而說道：「臣的祖父和父親都曾臣事金朝。既然是金的臣，又怎麼敢將金主視為仇人呢？」成吉思汗對耶律楚材的這種回答不僅不生氣，反而覺得此人很重君臣情分，是個恪守信義的人，便要他在自己身邊為官。耶律楚材認為自己乃一降臣，不宜擔此重任，便辭歸故里。此後數年間，耶律楚材隱居不仕，潛心讀書，並對佛學深有研究。

成吉思汗攻占燕京後，幾年間便平定了燕地。於是，成吉思汗便又徵召耶律楚材入仕。耶律楚材看到，成吉思汗是個雄才大略的君主，可成大事，對自己又推誠任用，便答應為蒙古效力。成吉思汗往往不直呼其名，而是稱他為「吾圖撒合里」，意思是「長髯人」。由此可以看出其親密無間。

在那歷史的轉折關頭，耶律楚材能夠認清大勢，不為愚忠所囿，不去做金的殉葬者，毅然為推誠任用自己的成吉思汗出謀劃策，體現了他作為一個傑出謀略家的膽識。

二、輔成吉思汗，建蒙古帝國

成吉思汗名鐵木真，是蒙古族傑出的政治家和軍事家。他於西元一二〇六年建立蒙古汗國，稱成吉思汗。他為得到耶律楚材而感到十分高興。在耶律楚材的幫助下，他進一步完善了政治、經濟、法律等各種制度，對蒙古社會的發展發揮了重要的推動作用。尤其令世人稱道的是，在成吉思汗東征西討的過程中，耶律楚材發揮了傑出謀士的作用。

西元一二一九年，成吉思汗發動了第一次大規模西征，矛頭直指中亞和今俄羅斯南部。成吉思汗於六月的一天誓師，雖值盛夏，卻突然下起雨雪來，居然「積雪三尺」。古人都有迷信心理，成吉思汗看到這種情況大感疑惑，似乎預感到這次出師大不吉利，因而便想停止這次西征。耶律楚材看出了成吉思汗的心思，便鎮靜地對他說：「水神於盛夏降雪，這是克敵制勝的徵兆。」經耶律楚材這麼一說，成吉思汗馬上轉憂為喜，信心大增，立命按時出師。實際上，下雨或下雪都是自然現象，說不上什麼吉兆或凶兆。當君主被這些自然現象所迷惑的時候，謀士的作用就是要幫助君主樹立信心，不為這些自然現象所惑。同一種自然現象，既可以演繹為吉兆，也可以說成是凶兆，這全看人怎麼樣去理解、去解釋。例如這次夏天降雪，成吉思汗本認為是凶兆。但耶律楚材卻解釋為吉兆，由於耶律楚材滿腹經綸，通陰陽之術，成吉思汗對他的解釋深信不疑，因而信心大增。果然，成吉思汗這次西征連戰皆捷，很快攻滅了花剌子模（阿姆河下游一帶），在喀勒喀河打敗了斡羅思（俄羅斯）和欽察聯軍，版圖擴展到中亞地區和今俄羅斯南部。成吉思汗將這些地區分封給長子術赤、次子察合台和三子窩闊台。成吉思汗為這次出征的勝利很高興，從此對耶律楚材更加信任。此後成吉思汗每當要進行軍事征討時，都要事先徵求耶律楚材的意見。

有一個叫常八斤的西夏人，善於造弓，甚受成吉思汗的器重。他看到耶律楚材極受信任，心裡頗為不快，經常在人前說：「現在正是用武的時候，耶律楚材是個文士，有什麼用呢！」面對此種論調，耶律楚材說：「治一張弓尚且需要用弓匠，治天下怎麼能不用治天下匠呢？」成吉思汗聽到以後十分高興，認為說得很有道理，因而對耶律楚材更加信任。成吉思汗曾指著耶律楚材對窩闊台（即後來的元太宗）說：「這個大賢人是上天賜給我家的，你以後凡遇軍政大事，都要悉心徵求他的意見。」因此，後來當窩闊台繼位後仍對耶律楚材格外信任。

西元一二二六年，成吉思汗發大兵征討西夏，耶律楚材隨行參決軍務。蒙軍攻下靈武後，各將領都爭相搶奪金銀財寶和絲綢珍寶等物，只有耶律楚材蒐羅各種文書，又收集了許多大黃藥材。不久，蒙古不少官兵感染瘟疫病倒，有些人因此死去。這時，耶律楚材便用大黃為官兵治病，救活了許多官兵，並很快撲滅了這場瘟疫。

成吉思汗控制的版圖越來越大，但未來得及立法定制。各地的長官生殺任情，奪人財貨，役人妻女，隨意將大片農田劃為牧場。在燕京留守的長官石抹咸得人尤其貪暴，以至「殺人盈市」，屍體堆積得像小山丘一樣。耶律楚材得知這些事後十分難過，淚流滿面，一連幾天吃不下飯去。於是，他毅然入奏，請成吉思汗頒發詔書，各地長官未奉詔命不得擅自徵發，處死犯人必須上報，待批准後方能執行，違者處死。成吉思汗准其奏，各地濫殺濫徵之風大為收斂。在耶律楚材的輔佐下，成吉思汗初步建立起了蒙古帝國，一些法制也漸漸確立起來。

三、擁立窩闊台，力行漢法

西元一二二七年，即攻滅西夏的第二年，成吉思汗染疾死去。按照蒙古舊習，諸子自立門戶，幼子繼承父業，以蒙古本部為封地。正因如此，成吉思汗年長的三個兒子都分封在外，四子拖雷在本部留守。由於新大汗尚未推舉出來，暫時就由拖雷監國，史稱元睿宗。當時，燕京的社會治安極壞，有不少大強盜，經常天剛黑便趕著車到富家，公開索取財物。這些富家如不如數付給，就要被殘暴地殺掉，然後將其家產洗劫一空。拖雷聞知後，命耶律楚材和一個大宦官一起去治理。耶律楚材經詳細訪查，將這些大盜的名字報告了拖雷。鑑於這些人罪惡極大，拖雷命嚴加懲治。耶律楚材將這些人全逮繫獄中。經訊問，這些人大都是一些官員留在燕京的親屬和一些權勢之家的子弟，實際上就是社會上的惡勢力，仗勢為非作歹。一個犯人的家屬向那個宦官行賄，這個宦官便建議對這個犯人緩一緩。耶律楚材一聽就知道，這個宦官肯定是受了賄賂。耶律楚材便嚴肅地曉以利害，此人罪大惡極，如不懲治，被指有包庇之罪，後果嚴重。這個宦官害怕了，也就不再敢為這個犯人說情，而完全按照耶律楚材的意見處治。於是，這些大小罪犯都受到程度不同的懲罰。其中，罪惡較大的十六人於同一天被處死。自此以後，燕京的社會秩序就穩定了下來，經過這一件事，拖雷更增加了對耶律楚材的瞭解，認為他不僅才能出眾，而且對蒙古汗國有一顆難得的忠心。因此，凡遇軍國大事，拖雷都誠心誠意聽取耶律楚材的意見。

西元一二二九年秋天，拖雷和諸宗親集議，推舉大汗的繼承人。一連幾天，此事一直未決，但支持窩闊台的呼聲較高。此事關係到新興蒙古汗國的命運，宗室圍繞此事的鬥爭也很激烈。由於拖雷身為監國，所以他的態度就顯得特別重要。耶律楚材私下對拖雷說：「事關宗社大計，應該儘早定下來。」拖雷說：「大家的意見尚不一致，以後再議是不是可行呢？」耶律楚材誠懇地說：「事不宜拖，再拖恐怕會生變故，那時就要晚了。」於是，拖雷便力主由窩闊台繼承汗位，並擇日登極。此議得到其他宗親人等的贊同。但是，以前蒙古族沒有朝拜禮儀。耶律楚材為了提高君權，便按照漢法制定了一整套朝拜的儀制。按照這種儀制，凡是臣下都應該向窩闊台行君臣之禮。察合台是成吉思汗的二子，長於窩闊台，不願按此禮行事。耶律楚材便誠懇地對察合台說：「王雖是兄長，但位在臣列，按禮當拜。王帶頭朝拜，其他的人就沒人敢不朝拜。」察合台深以為是。在窩闊台即位那天，察合台帶頭行臣下之禮，拖雷等人也都跟著行禮，儀式隆重熱烈。儀式結束後，察合台拍著耶律楚材的背說：「你真是社稷之臣啊！」

蒙古民族長期以游牧為生，粗獷成習，尤其貴族更是散漫不羈。因此，在窩闊台即位那天，有不少貴族未按時到場行禮。窩闊台為了樹立權威，本想將這些人處死。耶律楚材勸道：「陛下剛即位，宜對這些人暫示寬宥，以示恩典。這樣可以免生內亂。更何況這些人以前不熟悉此禮，情有可原。」窩闊台聽從了耶律楚材的建議，對這些人申諭一通，從輕論處。經過一段時間的整頓，恩威並施，蒙元朝廷的禮制便逐漸建立起來。

窩闊台即位時，正是蒙古對南部用兵節節勝利之際。窩闊台在即位的第二年就大舉攻金，陸續占領了陝西南部、河南北部和淮西一帶。蒙古占領了中原大片區域，但如何治理卻沒有嚴明的法紀。將蒙古本部的一些法律用於中原，既不合於實際情況，又不完備，廣大老百姓無所適從，動不動就觸犯禁網。因此，中原人民一時犯法的人很多。蒙古法令嚴厲，又沒有赦令，老百姓一旦犯禁，不論輕重都要受嚴懲。於是，耶律楚材便從容地對窩闊台汗說，許多老百姓犯法很輕，應予寬宥。不少蒙古貴族指責他迂腐，但他仍不為所動，一再堅請。窩闊台汗認為他說的有理，於是降詔，凡是他即位以前的事都不再究治。這樣，就使許多人得到宥免，有利於穩定中原的社會秩序。

耶律楚材清楚地意識到，蒙古民族原來的那些辦法不適合中原地區，必須用漢法治理漢民。於是，耶律楚材便又上奏十八件事，請窩闊台汗頒行全國。其中主要的幾條是：各州縣應設行政長官以管理政事，設萬戶官掌管軍事，使軍民分治，且軍、政官員可以互相牽制，以遏制官員專橫跋扈；應體恤中原百姓的苦難，未奉上命不得擅自徵斂，敢擅自向百姓徵斂者治以重罪；貪占官物或以官物經商謀利者，皆予嚴懲；無論漢人還是蒙古、回鶻等少數民族，凡從事農耕者都要照章納稅，抗稅者處以死刑；掌管官物的人如自盜官物則處死；凡處死犯人，都必須先上報，後行刑。在耶律楚材所奏十八事中，窩闊台汗批准了十七件，只有一件未准，即私下請託貢獻一事。用今天的話說，就是行賄受賄。耶律楚材認為敗壞官風，為害匪淺，應嚴加禁絕。但窩闊台汗認為，此風由來已久，更何況都是自願饋送，應聽其自便。耶律楚材當廷力爭：「敗壞政事的原因正在於此。」鑑於耶律楚材拒不奉詔，窩闊台汗甚至帶著懇求的口氣說：「凡卿所奏請諸事，朕沒有不答應過，難道你就不能答應我這一件事嗎？」耶律楚材實在無奈，只好聽從。此事非常典型地表明，禁絕官場行賄是多麼困難。

在耶律楚材所奏准的十七件事中，基本上都是在中原地區實行已久的「漢法」，只是稍加變通，使之適合於當時蒙古人統治的情況。在中原地區人民看來，這只不過都是些普通的常識。但對於當時剛進入中原地區的蒙古統治者來說，能實行這些辦法就是一種巨大的進步。

四、官至中書令，倡行文教

西元一二三一年（窩闊台汗三年），按照唐朝以來實行的三省制，窩闊台汗開始設立中書省，以耶律楚材為中書令。這個職位實際上就是丞相，即百官之長。中書令下所設的左、右丞相，實際上就是中書令的副手。耶律楚材身為一個契丹族人，能在蒙古汗國中擔任如此高職，足可看出他是何等地受到信任。從此以後，窩闊台汗不僅發布政令要與耶律楚材商議，而且大部分政令也要交他去執行。

成吉思汗在位時，因戰事頻繁，未制訂出約束各級官員的法規。進入中原地區後，這些官員巧取豪奪，個人聚斂了大量財富，而官府卻無所積蓄。耶律楚材任中書令後，陸續制定了一些限制官員貪墨的規章制度，並對幾個罪大惡極的蒙古貴族進行了懲治。耶律楚材的做法妨礙了蒙古貴族的利益，他們尤其對使用漢人為官極為反感。蒙古貴族咸得卜往日即與耶律楚材不和，這時對這位中書令就更為不滿。他對窩闊台汗說：「耶律楚材所提拔的官員大都是他的往日親舊，此人必有二心，宜趁早將其殺掉。」窩闊台汗在這點上還算英明，未輕信咸得卜所言，而是認真瞭解了一番，知其所言為誣告。於是，窩闊台汗便將咸得卜訓斥一通，並要耶律楚材大膽用事。不久，咸得卜的屬官告發咸得卜許多不法之事，窩闊台汗命耶律楚材去處理。耶律楚材經過一番瞭解，向窩闊台汗回奏說：「咸得卜待人傲慢，容易遭人誹謗。更何況所告發的都是無礙大局的事，所以不必予以懲治。今南方未定，待日後對他稍加裁抑不晚。」窩闊台汗原以為，以前咸得卜曾誣告耶律楚材，這次耶律楚材一定會對咸得卜嚴加治罪，沒想到耶律楚材對咸得卜如此寬容，且完全出於公心。窩闊台汗對身邊的一些大臣說：「耶律楚材不計私仇，真是一個寬厚長者。你們都應該向他學習啊！」

蒙古貴族可思不花向窩闊台汗奏請，徵發原遼、金統治下的百姓去開採金銀礦，有些則罰往西域種田或種葡萄。窩闊台汗准其所請，下令徵發西京、宣德兩地萬餘戶以充此役。這在當時是牽動全國的大事。耶律楚材極力勸諫道：「先帝（成吉思汗）有遺詔，謂這地方的老百姓質樸，與蒙古本部的百姓沒什麼區別，緩急可用，不可輕動。現在金國尚盤踞河南，請不要在這時以此事擾民。」窩闊台汗認為耶律楚材說的有理，便打消了這個主意。

蒙古人長期游牧為生，進入中原後，認為各地的大片農田都可以成為好牧場。於是，有的蒙古貴族就對窩闊台汗說：「漢人對國家沒什麼用處，可以將他們都殺掉，將他們的土地充作牧場。」這是一件大事，它不僅關係到廣大漢族人民的生命財產，也關係到蒙古汗國能否在中原地區建立起穩定的統治。為此，耶律楚材極力勸諫道：「陛下正準備南下伐金，大量的軍需應有穩定的供應之地，如能均定中原的賦稅，再加上商稅、鹽稅、冶鐵等稅，每年可得銀五十萬兩，絹帛八萬匹，糧食四十餘萬石，足可供給。怎麼能說漢人對國家沒用呢？」窩闊台汗認為他說的有理，便命他全面負責以推行此事。於是，經奏准，耶律楚材設立了十路徵收課稅使，其長官都選用當地有聲望的寬厚士人。當年秋後，各地將徵得糧食的冊籍和金銀絹帛陳列於宮廷，請窩闊台汗和蒙古貴族來看。窩闊台汗見到後非常高興，笑著對耶律楚材說：「你不離我身邊，卻能使國用充裕，實在難以想像，南國的大臣中還有像你這樣的賢才嗎？」耶律楚材巧妙地回答道：「南國的大臣都比我有才能。由於我才能不高，所以才留在了燕京。」窩闊台汗覺得耶律楚材不僅才能出眾，而且有謙虛的美德，心裡很高興，立即親自賜酒宴犒賞耶律楚材。這件事的主要意義還不在於此，而是在於使窩闊台汗清楚認識到漢人並非無用，從而打消了大規模屠殺漢人的主意。如果說到耶律楚材對中國歷史的貢獻的話，這點可說是最大的貢獻。

西元一二三二年春天，窩闊台汗大舉伐金，並下詔，凡來降的老百姓一律免死。有的蒙古貴族說：「這些人事急則來降，事緩則又逃回，只能為敵所用，不可寬宥，而應全部殺掉。」耶律楚材極力反對，終於促使窩闊台汗頒發了降則免死的詔令。耶律楚材還趕製了免死旗數百面，以給降民，令他們回原籍耕種。於是，許多中原地區的老百姓得以活命。按照蒙古人舊例，凡攻打一個城池，這個城池倘不投降，只要稍有抵抗即為拒命。那麼，蒙軍在攻破城池後就要大規模屠城，即將城中男女老幼全部殺死。當汴梁（今河南開封）即將被攻下的時候，大將速不台向窩闊台汗建議：「金人在汴梁已抗拒很久了，蒙軍將士死傷許多，將城攻破後，應該屠城。」汴梁是中原古都，倘被屠城，其損失將十分慘重，影響也必定十分惡劣。耶律楚材聞知此事後，馬上趕赴前線，向窩闊台汗奏道：「將士南征北戰數十年，死傷了不知多少人，所要的就是土地和人口。如果奪到了土地，卻沒有人，奪來的土地又有什麼用呢？」窩闊台汗還是猶豫不決。耶律楚材看出，他們未打消屠城的念頭。於是，耶律楚材又進一步勸諫道：「中原地區那些最奇巧的工匠，家產豐厚的人家，都聚集在這裡。如果把這些人都殺了，進了城也將一無所得。」窩闊台汗深以為是，隨即下令，要殺的只有金主完顏氏一家，其餘官民都不予追究。當時，為躲避戰亂而避居汴梁的人口達一百四十七萬餘人。自此以後，蒙古軍隊在南征時便放棄了屠城的做法。

由於金的頑強抵抗，蒙軍雖奪占了金的大片土地，但一直未能將金徹底滅亡。這時，耶律楚材向窩闊台汗建議，可聯合南宋，對金兩面夾擊，金亡就指日可待了。於是，窩闊台汗便遣使赴南宋，共商滅金之事。當時，南宋朝廷已十分腐敗，在南方苟且偷安。有的大臣看出了蒙軍的用心，他們滅金後接著就會進攻南宋。例如大臣趙范的頭腦就比較清醒，並舉宋金「海上之盟」為例來陳說利害。當宋徽宗宣和二年（西元一一二〇年），為了夾擊遼，北宋和金訂盟，待滅遼後即將燕薊一帶交還北宋。但是，滅遼後金卻撕毀盟約，不僅不歸還燕薊之地，反而揮師南下，滅掉了北宋。這種歷史教訓可謂殷鑑不遠，南宋君臣應該認識到其中利害。但是，當蒙古使臣答應滅金後將黃河以南盡交南宋以後，許多人的頭腦發昏起來，覺得正可藉機報金國背盟之仇。當金得知蒙與南宋要聯合伐金時，金也派出使臣去南宋陳說利害：蒙古先後攻滅了四十多個小國，接著滅亡了西夏，西夏亡後又伐金，金亡後必然要進攻南宋，「脣亡齒寒，自然之理」。但南宋小朝廷卻見不及此，竟答應了蒙古使臣的要求，對金出兵夾擊。在南北夾擊下，金的處境更加危機，以致統治集團內部也發生了分裂。金的將領崔立在汴梁發動兵變，使蒙軍很快進入汴梁，繼而又攻占洛陽、蔡州（今河南汝南）等地。金朝最後一個皇帝完顏承麟被亂兵所殺，金朝遂宣告滅亡。

在蒙軍攻占河南一帶時，俘獲的人口很多，但是，當蒙軍北撤時，有十之七八的人乘機逃跑。窩闊台汗為此十分生氣，遂下令，凡是逃民，以及隱匿逃民的人家，一經發現，則全部處死，其鄉社的百姓也要被連坐。此令一出，沒人敢為逃民留宿，更不敢供給食物，所以有許多逃民就餓死在路上，景況悽慘。面對此情此景，耶律楚材十分傷心，便從容地向窩闊台汗勸諫道：「河南一帶已被平定，老百姓都是陛下赤子，他們即使逃走，又能走到哪裡去呢？何必因幾個被俘的囚犯而連累千百萬人呢？」窩闊台汗頓有所悟，立即廢除此令。

金雖然滅亡了，但陝西和河南交界一帶仍有二十多個州縣未降。窩闊台汗準備發大兵征討。耶律楚材建議道：「往年，許多老百姓害怕被蒙軍殺害，所以大都逃到那裡，並死命頑抗。若許以投降後不殺，這些州縣就會不攻自下。」窩闊台汗照此辦理，這些州縣果然很快都投降了。這正如《孫子兵法》上所說：「不戰而屈人之兵，善之善者也。」也就是說，這是上策的上策。在這方面，耶律楚材的貢獻應說是很大的。

滅金後，大臣們商議如何在中原地區實行「編戶齊民」，即編定戶籍，據以徵發賦役。蒙古族大臣忽都虎等人主張，應以丁為戶。耶律楚材堅執不可：「如丁逃走，那麼這一家的賦稅就落空了，應以戶來編定戶籍。」爭論再三，窩闊台汗最後決定，以戶立籍。當時，不少將相大臣將俘獲的丁口據為己有，由他們奴役。這些人的身分如奴隸。耶律楚材奏准窩闊台汗後，進行「括戶」，於是這些人又大都恢復了平民的身分。這不僅使這些人的身分得到提高，而且使國家增加了大量的戶籍。這在歷史上是很大的進步。

蒙軍於西元一二三四年滅掉金。果不出所料，蒙軍不僅未將黃河以南的土地盡給南宋，反而於第二年即對南宋大舉用兵。在廷議征西域和南宋時，有的蒙古貴族主張，用漢人去征伐西域，而用已被征服的西域人去征伐南宋。不知道這些蒙古貴族如此主張是出於什麼心理，也許是為了利用不同民族間的敵對情緒，便於駕馭，但從戰略上看，此法不可行是顯而易見的。因此，耶律楚材便向窩闊台汗勸諫道：「中原和西域相距遼遠，如用此法，未至敵境就已人困馬乏。再加上水土不服，易生疫疾，還是應就近用兵。」窩闊台汗便放棄了這種打算，從而減少了大量無謂的消耗。

鑑於蒙古汗國的疆域越來越大，如何治理好這偌大的帝國就成了頭等大事。蒙古民族在進入中原後，仍保持著許多落後的習性。他們自恃弓勁馬肥，所向無敵，在「馬上」奪得了天下，但不知如何有效地治理好天下。尤其是對於文明程度較高的中原地區，再靠塞外漠北的那種通常的辦法顯然是不行的。對此，耶律楚材的頭腦是比較清醒的。蒙古民族大都信奉佛教，但用佛教治國顯然是不行的。因此，耶律楚材提出：「以佛治心，以儒治國。」這的確是很高明的策略。

對於蒙古貴族單純崇尚武力的偏狹心理，耶律楚材早就進行過批駁，他把儒者比喻為「治天下匠」即屬一例，這種「匠」要比只會造弓造箭的工匠高明千百倍。在窩闊台即位以後，耶律楚材參照中原制度，制定了較完備的朝廷禮儀。他還為窩闊台汗推薦了一些中原名儒，要他們一起治理國家。只要有機會，耶律楚材就講一些「馬上」可奪天下但不能「馬上」治天下的道理。滅金以後，耶律楚材再次認真地向窩闊台汗奏道：「製造器物必須用好工匠，治理好國家必須用儒臣。儒臣的功業沒有數十年是不能成功的。」窩闊台汗知道其中的道理，就命他負責挑選一些儒士為官。於是，耶律楚材就以經義、詞賦、論分為三科，命天下儒士前來應考，即使被俘為奴的儒士亦可應試，如其主人不許此人應試，則將主人處死。經過這一次全國性的考試，得士人四千零三十人，其中約四分之一的人是原為奴者。這些人被派往全國各地，充任各級大小官員，從而在一定程度上改變了官員隊伍的構成，提高了整個官員隊伍的文明程度，對穩定中原地區的統治發揮了很大的作用。

當蒙軍攻陷汴京後，耶律楚材急忙遣人入城尋找孔子後人，得到孔子的第五十一世孫孔元措。經奏准窩闊台汗，由孔元措襲封「衍聖公」。同時，又為山東曲阜孔氏修築了富麗堂皇的孔廟，撥出大片林地建林苑。耶律楚材又徵召了一些中原名儒，在宮中為王公貴族及其子弟講授儒家經典。耶律楚材身體力行，親率大臣及其子弟學習儒家經義。同時，耶律楚材又在燕京設立了編修所和經籍所，從事文教活動，從而推動蒙古汗國的文教事業發展起來。對於蒙元的統治來說，這些措施十分有效。它不僅使統治措施更適合中原的情況，有利於籠絡民心，尤其是有利於改變漢族士人的敵對心理，而且為蒙古王公及其子弟的漢化提供了條件。

後來，太原轉運使呂振和副使劉子振都因貪贓被逮治。這兩個人都是中原儒士。窩闊台汗為此責備耶律楚材：「你說孔子的教化可行，儒士是好人，怎麼還有這種貪墨之徒呢？」耶律楚材回答得很巧妙：「君主教導臣下，父祖教導子孫，都不想使他們陷於不義。三綱五常是儒家名教，歷代治國者莫不遵行，這就像天上有日月一樣。怎麼能因一兩個人的過失就使萬世之道在我朝被廢止呢？」窩闊台汗認為耶律楚材所言極是，便打消了盡行罷免儒士的主意。

經耶律楚材長期不懈的努力，儒學終於成為統治者的主導思想。耶律楚材又徵召了不少名儒進入統治集團，像著名的大儒姚樞、楊惟中等人都受到重用。同時，耶律楚材又徵召了一些佛家、道家和醫卜人才，從而使蒙古武功極盛的同時，「文治」也漸漸昌明起來。這對於蒙古民族的進步和全國的統一發揮了極為重要的作用。

五、立綱陳紀，巧進忠言

一年春天，蒙古諸王齊集上都（今內蒙古多倫），共商戰略大計。窩闊台汗當眾舉起酒杯，親自賜酒給耶律楚材，並頗為動情地說：「朕之所以推誠用卿，一是遵先帝（成吉思汗）之命，二是卿忠心為國。如果沒有卿的忠心輔佐，蒙古汗國絕不會有中原地區。朕之所以能諸事放心，終日高枕無憂，都是卿忠心輔佐的結果啊！」當時，西域諸國及高麗、南宋的使臣都在場，窩闊台汗指著耶律楚材對他們說：「你們國家也有這樣傑出的人物嗎？」諸使臣都拜謝道：「沒有。這真是位神人！」窩闊台汗高興地說：「你們說的別的一些話可能有假，但這話不假。我猜想你們國家也沒有這等人物。」由此可以看出，耶律楚材的智謀對窩闊台汗治國發揮了多麼重要的作用，窩闊台汗對他是何等的器重和信任。正因如此，蒙古汗國的綱紀制度大都是按照耶律楚材的建議來制定的。

有一個叫于元的官員建議，應發行「交鈔」，猶如現在的紙幣，耶律楚材以金時的教訓陳述道：「金章宗時曾發行交鈔，和銅錢一起流通。官府大量濫印，以至一萬貫鈔才能買一個燒餅，弄得民怨沸騰，國用匱乏。我朝當以金為鑑，如印造交鈔的話，也不要超過一萬錠。」此議得到窩闊台汗的允准，所以當時雖印行了紙鈔，但並未引起經濟生活的混亂。

隨著中原地區陸續納入蒙古汗國的版圖，疆域越來越大，窩闊台汗按照一些親王的奏請，打算將各州縣分封給親王和功臣。耶律楚材勸諫道：「裂土分封，日後容易產生嫌隙，甚至引發動亂。歷史上不止一次出現過這樣的局面，宜引以為戒。分封不如多賞賜給他們金銀財帛。」窩闊台汗為難地說道：「我已經答應分封了，怎麼辦呢？」耶律楚材說：「可以像朝廷往各地派地方官一樣，向他們徵收貢賦。每年年終從中拿出一部分給親王，以充生活之資，並令其不得額外科斂。這就可以避免分封產生的禍害了。」窩闊台汗准其奏，並命他制定賦稅標準。耶律楚材制定的賦稅標準是：每二戶納絲一斤，充作國用；每五戶納絲一斤，以作為親王功臣的湯沐之資。地稅：中等田每畝交糧二點五升，上等田三升，下等田二升，水田五升。商稅：三十而稅一；鹽，一兩銀買鹽四十斤。這是國家常賦，地方上不得任意增減。有的大臣認為稅額太輕。耶律楚材說：「制定賦稅從輕，歷代都有官員貪墨的流弊，以後一定會有貪墨之人盤剝百姓。從這一點看來，這個稅額已算很重了。」在這裡，耶律楚材根據經驗，知道日後定會有貪墨官員暗中加碼，故留有餘地。這顯然是為老百姓著想。史實證明，耶律楚材的這種做法收到了良好的效果，對穩定蒙古汗國對中原地區的統治發揮了積極作用。

當時，官府集中了大批的能工巧匠，為官府製造各種器物。長期以來，十之八九的器材都被私人侵吞。耶律楚材為了改變這種狀況，便制定了嚴格的考核制度，從而使這種現象大為收斂。

有一次，寵臣脫歡奏，請選一批天下美女以充實後宮。窩闊台汗甚表同意，立即頒詔實行。耶律楚材深知這是擾民之舉，因而將此詔書匿不下發。窩闊台汗為此十分惱怒，大聲斥責。耶律楚材說：「往日已選美女二十八人，已足夠使令。今再往各地挑選美女，定將擾民，臣正要回奏此事呢。」窩闊台汗沉思良久，便命此事作罷。

有的蒙古貴族向窩闊台汗建議，應向中原的老百姓徵收母馬。其用意很明顯，因為蒙古民族是馬上民族，深知馬的寶貴。將中原地區的母馬徵來，交蒙古人飼養，可迅速增加蒙軍戰馬的數量。另外，通過此法使中原老百姓沒有馬匹，就難以反抗蒙古人的統治。這的確是一箭雙鵰之計。但這些貴族沒有想到，這種做法是何等擾民，會給中原老百姓的正常生活造成多麼大的混亂。因此，耶律楚材極力反對道：「中原是種田養蠶之地，不是出馬匹的地方。如果實行這種辦法，一定會成為老百姓的大禍害。」窩闊台汗允准了耶律楚材的請求。

當時，在蒙古統治區內高利貸盛行，不僅普通百姓借債以應急，甚至一些下層官員也向商人借貸。利上加利，利息往往高於本錢數倍。人們稱之為「羊羔兒利」。許多人因還不起債，致使其妻女被役使為奴。這成為一大社會禍害。耶律楚材遂奏准窩闊台汗，頒令全國，無論利息怎麼樣增加，都不准超過本錢，永為定制。老百姓以前因借貸無力償還者，由官府代為償還。因還不起高利貸而使妻女為奴者，由官府代贖為平民。此法頒行後，深受全國老百姓的歡迎。

另外，耶律楚材身為中書令，將各地度量衡整齊劃一；建立鈔法，制定各地官員符印規格；修驛站，定傳遞規則；定賦稅制度，限制物價，使各種制度在窩闊台汗時大體完備，老百姓的負擔也相對減輕。這樣，就在制度上為新帝國的建立奠定了一個好的基礎。

有兩個道士互爭雄長，各拉一幫黨羽，互相攻擊。其中一個道士誣稱另一個道士為逃軍，並勾結朝內的一個大宦官和通事官楊惟中，擅自將另一個道士殺掉。另一方的道士告到朝廷，耶律楚材便將楊惟中逮繫獄中。那個大宦官便向窩闊台汗指控耶律楚材，說他越權違制。窩闊台汗一時怒起，立命將耶律楚材逮治。沒過幾天，窩闊台汗又深感後愧，命將耶律楚材釋放，官復原職。耶律楚材卻不肯解綁，並嚴正地對窩闊台汗說：「臣身為中書令，位極人臣，國家各種政務都歸臣處置。陛下當初命逮治臣的時候，是因有罪所至，應將臣的罪過明示百官，表明罪在不赦。今天又釋放臣，是因我無罪所至，怎麼能如此輕易反覆，就像耍小孩一樣呢！」耶律楚材如此強硬，眾大臣都嚇得面如土色，擔心會惹怒大汗，再對他嚴加懲治。但窩闊台汗不僅未發怒，反而和顏悅色地說：「朕雖然是大汗，難道就不會有錯處嗎？」並以好言勸慰。耶律楚材趁機奏上「時務十策」，即「信賞罰，正名分，給俸祿，官功臣，考殿最，均科差，選工匠，務農桑，定土貢，制漕運」。這些奏議都切合時務，窩闊台汗皆予准行。

大商人劉忽篤馬等向窩闊台汗提出，願每年向國家交銀一百四十萬兩，以包買天下商稅。耶律楚材極言不可，謂這些人都是貪利之徒，欺上瞞下。一旦實行此法，這些人必定加倍徵收，危害甚大。窩闊台汗聽從了耶律楚材的建議。耶律楚材在私下對友人說：「為政之道，在於儘可能清靜。興一利不如除一弊，生一事不如省一事。當有人遭後人譴責時，就會知道我的話為不謬。」從這些話中可以看出，耶律楚材為政似乎有保守傾向。但就當時的具體情況來看，蒙古以一個游牧民族入主中原，許多舉措都帶有原始和落後的色彩。各種制度初立，不要動不動就更改，這對穩定蒙古汗國的統治是有好處的。實踐也證明，耶律楚材的許多做法收到了良好的效果。

窩闊台汗平時嗜酒如命，經常和近臣一起酣飲，時而大醉。每次喝醉，他都要臥床睡上大半天，不理政事。這種飲酒方式不僅有害身體，而且妨礙政事。為此，耶律楚材屢次勸諫，但窩闊台汗的這種惡習依然不改。有時窩闊台汗口頭上答應要改，但一喝起酒來就把自己說過的話忘到了九霄雲外。耶律楚材認為，如不讓他真切地認識到嗜酒的危害，他是不會改掉這種惡習的。於是，耶律楚材便找了一個鐵槽，將酒注入鐵槽中。若干天以後，鐵槽四周便被腐蝕得斑駁陸離。耶律楚材命人將這個鐵槽抬到窩闊台汗面前，指著鐵槽對窩闊台汗說：「酒能腐蝕器物，對鐵的腐蝕尚如此厲害，更何況人的五臟六腑呢！」窩闊台汗看著這個鐵槽，耶律楚材的勸諫又那麼懇切，頓有所悟，真正認清了嗜酒的危害。窩闊台汗對近臣說：「你們雖然也都有愛君憂國之心，但哪裡能與長髯人相比呢！」於是，他特為此事賞給耶律楚材許多銀兩絹帛，並敕諭近臣，以後每天進酒不要超過三盅。自此以後，窩闊台汗基本上改變了嗜酒的惡習。

耶律楚材和窩闊台汗長期相處，君臣相得，親密無間。耶律楚材勸窩闊台汗不要嗜酒，而他本人也偶有醉酒的時候。有一次，耶律楚材和幾個親王一起宴飲，竟至大醉，以至醉臥車中。窩闊台汗得知後，直奔其營，登上車，用力搖晃爛醉如泥的耶律楚材。這時的耶律楚材沉睡未醒，感覺出有人用力搖晃他，正要發火，猛一睜眼，見是大汗站在自己身邊，頓時酒醒幾分，趕忙站起來向大汗謝罪。窩闊台汗諧謔地說：「有了好酒卻自己獨醉，怎麼就不能和朕同飲同樂呢！」笑了笑就離去了。耶律楚材來不及整好衣冠，馬上趕往窩闊台汗的行宮，表示要和大汗同飲同樂，以贖前罪。窩闊台汗見此情景亦很高興，立命下人備酒，君臣二人邊飲邊聊，極歡而罷。由這件事可以看出，他們君臣之間的關係是何等親密無間。也正是由於這種關係，所以耶律楚材敢於直言，敢於當廷諫諍。

但是，窩闊台汗也有固執己見、拒諫不從的時候。關於商稅的徵收即是一例。當耶律楚材制定徵稅辦法時，行三十稅一，稅額較輕，且反對由某幾個大商人包稅。從這個辦法執行數年來的情況看，效果良好，徵收上來的稅額年年有所增加。到窩闊台汗十一年（西元一二三九年）時，年入稅銀達一百一十萬兩。當時，回鶻人田鎮海是右丞相，他慫恿安天合向窩闊台汗上奏，謂稅額太少，建議由回鶻商人奧都拉合蠻包稅，稅銀每年可增至兩百二十萬兩。這的確是個很有誘惑性的建議，只要改變一下辦法，稅額可增加一倍，豈不妙哉！窩闊台汗頗為之動心，表示同意，而耶律楚材當廷慷慨陳詞，極力反對，謂稅額雖增加了，卻苦了天下百姓。他與安天合等人當廷力爭，以至聲色俱厲，眼淚都流了出來，雙方甚至攘臂吼叫。窩闊台汗見此情景，便大聲說道：「難道你們要打架嗎？」隨後，窩闊台汗不顧耶律楚材的激烈反對，同意了安天合的建議，並望著耶律楚材說：「你要為天下老百姓哭嗎？我倒要試行一下這個辦法！」耶律楚材見無力回天，便仰天長嘆道：「天下老百姓的窮困，就要從此開始了！」在這件事情上，耶律楚材的意見雖未被採納，但他敢爭敢諫，表現了他處處為蒙古汗國著想的忠心。對此，窩闊台汗是能體會到的。

在古代，許多大謀士苦於朝廷積弊難以革除，往往借天象和其他災異來借題發揮，以達到革除積弊的目的。耶律楚材亦深明此道。窩闊台汗十三年（西元一二四一年）春天，窩闊台汗得了一場大病，醫生為他摸脈時，幾乎已感覺不出脈搏的跳動。乃馬真皇后和滿朝大臣都十分驚慌，不知該怎麼辦。乃馬真皇后便問耶律楚材。耶律楚材回答說：「現在用人多有不當，賣官鬻爵的事很多，監獄中的犯人多屬無辜。古人往往因一句善良的話，就使災異退避三舍。為給大汗禳災，請大赦天下囚徒。」乃馬真皇后命馬上下令實行。耶律楚材急忙制止說：「非大汗親自允准不可。」於是乃馬真皇后和耶律楚材一起來到窩闊台汗跟前，待他神志稍清醒時入奏，請他頒赦囚之令。這時，窩闊台汗已不能說話，只點了點頭，表示允准。於是，耶律楚材馬上擬了詔令，頒行全國。第二天，窩闊台汗的病情居然大為好轉。幾天後，他便能下床理事。此後，窩闊台汗又活了近一年的時間。通過這件事，耶律楚材不僅平反了大量冤獄，而且還贏得了窩闊台汗的更大信任。

六、最後歲月

耶律楚材久居樞要，長期受到信任和重用，不僅俸祿高，而且不時得到的賞賜也很多。由於他身居高位，所以親戚朋友請他幫忙的也很多，希望通過他混個一官半職。耶律楚材的頭腦很清醒，他從來不利用自己的權力為親友謀官，而是將自己的資產送給他們一些，使他們儘可能不愁生計。當時裙帶之風很盛，一些人對他這樣做頗不理解。例如一個叫劉敏的官員就曾私下和他說起此事，認為他這樣做不利於家族的興盛。耶律楚材卻說：「給他們一些錢財就可以盡到睦親之義，不必讓他們出來做官。若讓他們出來做官，違了法要受懲罰，我又不能徇私情，那豈不是害了他們！」劉敏深以為是，認為耶律楚材的思慮更為深遠。

窩闊台汗十三年（西元一二四一年）冬天，因不聽耶律楚材的勸阻，窩闊台汗堅持要外出遊獵，結果死於外地行宮。按照遺囑，應由其孫失烈門繼承汗位，乃馬真皇后不願這樣做，就問耶律楚材該怎麼辦。耶律楚材回答得很策略：「關於大汗位繼承之事不是外臣所應過問之事。如大汗有遺囑，望能按遺囑去辦。」但乃馬真皇后將遺囑祕不示人，自己竟臨朝稱制起來。耶律楚材無奈，只得委曲求全。

原來包稅的回鶻大商人奧都拉合蠻善於奉承，這時深得乃馬真皇后的倚重。這個大商人一時權傾內外，許多人趨炎附勢，朝政日非。耶律楚材雖對一些弊端有所匡救，但終究扭轉不了這種朝政日非的局面。不久，和林附近的一處兵營發生嘩變，這些將士聲稱，要清除朝中奸邪，迫使乃馬真皇后退位。因事起倉促，乃馬真皇后十分驚慌，一邊命心腹組織鎮壓，一邊收拾細軟，準備將都城西遷，以躲避戰亂。耶律楚材極力勸阻道：「朝廷是天下根本，一遷都就使根本動搖了，從而必定會發生更大規模的動亂，那局面可就真的不可收拾了。」耶律楚材又利用自己的陰陽之術，稱自己已看過天象，不會有大的禍害。乃馬真皇后這才安定下來，打消了遷都的念頭。果不出耶律楚材所料，這場叛亂沒過幾天就被鎮壓了下去，從而使這個新興的帝國避免了一場更大的動亂。

由於大商人奧都拉合蠻深受乃馬真皇后信任，致使乃馬真皇后竟給他許多蓋有御印的白紙，由他隨意填寫。耶律楚材深知事關重大，拒不從命，並當廷抗爭說：「天下是先帝打下來的天下，朝廷久有憲章可循。今卻要打亂這種憲章，臣斷不敢奉詔。」乃馬真皇后見耶律楚材的態度如此堅決，且說的有理，只好收回成命。

不久，乃馬真皇后又降旨說：「今後只要奧都拉合蠻有所奏請，值班令史倘不為之書，就砍斷他的手！」面對這種荒唐的令旨，滿朝大臣都面面相覷，不敢直言勸阻。這時，只有耶律楚材挺身而出，據理力爭道：「國家典章，先帝都委託給了老臣，不干令史的事。不論哪個大臣奏事，只要合理，自然就該奉行。如所奏事不可行，自應阻止。為國家大計，臣死且不避，何況砍手呢！」乃馬真皇后深為不悅，仍堅持原旨。耶律楚材深知，這是紊亂朝廷典章的大事，斷不可行，故情緒頗為激動。他當廷大聲爭辯道：「老臣事太祖、太宗三十餘年，盡循朝廷典章行事，無負於國，皇后難道因此而殺老臣嗎？」乃馬真皇后心裡雖很不高興，但因耶律楚材是先朝老臣，對他頗為敬畏，所以沒有因此而治他的罪。正是在耶律楚材的竭力主持下，使許多危害朝廷大政的事被阻止，使乃馬真皇后統治期間未釀成大的動亂。

西元一二四四年夏天，耶律楚材由於操勞過度，積勞成疾，死於任上，享年五十五歲。乃馬真皇后雖對耶律楚材經常違抗自己的旨意很生氣，但治理國家又離不開他。現在這位老臣死了，她心裡感到很悲傷，故贈賜耶律楚材家人許多金銀，以料理喪事。後來，有人向乃馬真皇后進讒言，說耶律楚材當國日久，天下財富約有一半入了他的私宅。乃馬真皇后半信半疑，就派近臣到他家裡去查看。結果，在耶律楚材家裡只看到十幾架笙琴，另有一些古今書畫，手稿數箱，其他沒什麼餘資。於是，乃馬真皇后便打消了抄沒他家產的打算。耶律楚材平時不以金銀為意，不治家產，這實際上為他的後人避免了一場災禍。在中國古代，不少人趁自己身居高位之機，不惜觸犯刑律，千方百計地搜刮財富，力圖使自己的子子孫孫永遠享用，結果卻事與願違，有的自己即身陷囹圄，有的則禍發身後，殃及子孫。相比之下，耶律楚材要比這些人高明許多倍。

越到後來，人們越懷念這位一身清廉的能臣。尤其是元中期以後，朝政日趨腐敗，大小官員貪墨成風，政以賄成，人們就更加懷念耶律楚材。元文宗至順元年（西元一三三一年），按照一些大臣的奏請，追贈耶律楚材為「經國議制寅亮佐運功臣、太師、上柱國，追封廣寧王，謚文正」。在古代，這些封號是極為榮寵的。他的兒子名耶律鑄，在元世祖時官至中書左丞相，長期受元世祖忽必烈的倚重。其孫十一人，終元為望族，子孫中不乏封侯封王者。當時的人在談到這種現象時，無不追溯到耶律楚材，追溯到他樹立的好的家風。

本文主要資料來源：《元史》卷一四六，〈耶律楚材傳〉；卷一，〈元太祖本紀〉；卷二，〈元太宗本紀〉；耶律楚材：《湛然居士集》。

居禪寺心懷天下　輔世祖大元一統

劉秉忠傳

劉寶全

對於元帝國的建立和鞏固來說，劉秉忠是僅次於耶律楚材的另一個大謀士。在耶律楚材的謀劃和輔佐下，蒙古汗國的力量不斷壯大，使成吉思汗和窩闊台汗的四處征討連戰皆捷，並接連攻滅了西夏和金，初步建立了一些典章制度。此後，正是在劉秉忠的輔佐下，元世祖大抵統一了中原，建立起了完備且適合時宜的典章制度，定一代成憲，促使元朝成為歷史上疆域最遼闊的大帝國。元王朝遷都北京，設立行省，促進了多民族國家的統一和發展。

一、官宦世家，隱居禪寺

劉秉忠（西元一二一六年～西元一二七四年），字仲晦，原名劉侃。他後來因出家為僧，故又取名子聰。當他隨元世祖為官後，又改名秉忠。他原籍瑞州（今遼寧綏安縣），祖上累世為遼朝的高官。入金後，歷代又仕於金朝。他的曾祖父之兄曾出任邢州節度副使，於是全家便隨之遷居邢州（今河北邢台）。自此以後，劉秉忠家人便都自稱為邢州人。

當成吉思汗大舉伐金時，其大將木華黎陸續攻占了河北諸州縣，並在邢州設立都元帥府，用劉秉忠的父親劉潤為都統。後來，劉潤又相繼擔任過鉅鹿、內丘兩縣的提領，都頗有政聲。劉秉忠自幼受父親的熏陶，熟知官場的人情冷暖，這對他日後的為官之道產生了或好或壞的影響。

劉秉忠「生而風骨秀異」，自幼聰慧過人。他八歲入學，每日能背誦經書數百言。劉秉忠十七歲時入侍邢州節度使府中任小令史。這是寫寫算算的小官吏，俸祿也不高。在他父親的俸祿也不高的情況下，他這點俸祿也可聊補家用。

這時的劉秉忠已近成年，不僅一表人才，且胸有大志，性情豪放。他不甘心於這種每日抄抄寫寫的平庸生活，常常為不得志而鬱悶不樂。一天，因文案工作不順心，投筆嘆道：「我家世代為官宦，我豈能甘心於當個刀筆小吏？大丈夫生不逢時，不為世人所識，自當隱居起來，以待時機再展鴻志。」於是他辭職而去，隱居於武安山（在今浙江龍游縣）中，以讀書為樂。後來，江蘇天寧寺虛照禪師招他入寺，他便剃度為僧，改名子聰，在寺中掌書記之職，時人稱為「聰書記」。後又遊歷山西雲中（今山西大同市），留居南堂寺。

劉秉忠在寺中勤奮地博覽群書，詩、書、五經無所不讀，天文、地理、律歷、佛經以及三式、六壬、遁甲等占卜之術，亦無所不通，尤其對《易經》和邵雍的《皇極經世書》研讀精深。這為他日後事業的成功奠定了根基。七、八年後，他終於遇到了建功立業的機會。

二、晉見世祖，縱論國事

當時，元世祖忽必烈還是一個親王，常駐漠北，灤河上游和今河北北部皆屬其統轄。蒙古統治集團內部為爭權奪利而不時發生內爭。忽必烈有雄才大略，為應付日後的不測風雲，他極力招攬人才，結識天下儒士和名流。燕京大慶壽寺高僧海雲禪師應召前往漠北。他途經雲中時，聞知南堂寺僧人子聰博學多才，特意前去拜訪，結果一見如故，隨即邀他一同去謁見藩王忽必烈。劉秉忠欣然同往。此一去，劉秉忠得遇明主，從而為他實現自己的抱負找到了廣闊的舞臺。

劉秉忠來到漠北，隨海雲一同謁見忽必烈。忽必烈見到海雲身後的年輕僧人氣度不凡，便召前詢問。劉秉忠應答自如，談吐不俗，引起忽必烈注意。以後忽必烈又屢次召見，劉秉忠議論天下大事，瞭如指掌，才華橫溢，深得忽必烈賞識。當海雲禪師南歸時，劉秉忠被留在了藩王府中。從此，他輔佐忽必烈三十餘年，參與機密，制定國家大計，充分發揮了自己的聰明才智，為元帝國的建立和鞏固立下了汗馬功勞。

忽必烈素有大志，喜歡結識儒士和釋道名流，「好訪問前代帝王事蹟」，尤其讚賞唐太宗李世民的業績。他得知，當唐太宗還是秦王時，就廣延賢能之士，為他奪天下、治天下發揮了極大的作用。因此，他十分器重像劉秉忠這樣有才能的漢族文士。劉秉忠看到忽必烈智謀非凡，胸襟開闊，虛懷若谷，求賢若渴，且對中原歷朝帝王文治武功甚感興趣，料定他將來必能成就一番大業。因此，劉秉忠決心盡心竭力為他出謀劃策，以報答知遇之恩。

鑑於忽必烈治下的疆域越來越大，而忽必烈有望成為新帝國的最高統治者，劉秉忠上給他一道洋洋數千言的奏議，陳述治國平天下之道。劉秉忠首先明確主張「治亂之道，繫乎天而由乎人」，繼之提出「以馬上取天下，不可以馬上治」的大問題，並以中國歷代封建王朝治亂興衰的經驗教訓，提示忽必烈，勸導他像當年周公輔佐武王一樣輔佐蒙哥。接著，劉秉忠進一步分析了蒙古國舊的制度政策所造成的弊端，主張效法漢文、景、光武和唐太宗等明君，採取建朝省、立法度、定官制、省刑罰、整飭賦稅、採用漢法、獎勵農桑、置庫設倉、招攬人才、量才適用、廣開言路等一系列措施。從劉秉忠的這些主張來看，他實際上為忽必烈以漢法治國平天下勾畫了一個基本藍圖。

元憲宗蒙哥初繼汗位時，即授命其弟忽必烈經略漠南漢地，後又將關中封給忽必烈為領地。忽必烈率領身邊的一批謀士離開漠北南下中原。從此，忽必烈有了賴以實現自己宏大志向的根據地。同時，劉秉忠也得到了試行漢法治天下的機會。

劉秉忠的家鄉邢州就在忽必烈的統治下。幾年前，當劉秉忠的父親逝世時，劉秉忠回籍奔喪。臨別時，忽必烈親賜銀百兩，供他辦喪事，並派人護送他到邢州。由此可以看出，忽必烈和劉秉忠已建立起非同尋常的信任關係。劉秉忠在原籍守喪期間，他親眼看到家鄉的悲慘境況。邢州八縣原在金時有居民八萬餘戶，至元太宗窩闊台時期，減少到一萬五千戶。窩闊台將這萬餘民戶分賜給兩個蒙古貴族功臣。由於他們「不知撫治，徵求百出，民不堪忍受」，因此，人民便紛紛逃亡。結果，到忽必烈受封之初，當地百姓已銳減至六七百戶。

針對上述情況，劉秉忠上書忽必烈說：「數年來，差徭甚重，加上出征軍馬的調發，使臣煩擾，官吏巧取，民無法承受如此重負，所以就以逃亡求生存。現在，該地已歸王爺管轄，應採取休養生息的政策，賦役應比過去減半，或三分之一，就現有之民戶人數來定差稅。」接著，劉秉忠又進言說：「現今人民生活困敝，沒有比邢州更為嚴重的了」，「邢州原有萬餘戶百姓，兵興以來不滿數百，而且社會凋壞日甚」。因此他建議：「選派能人前往治理，責其剋期見效，以作為四方效法的榜樣，使天下均受到恩賜。」對所需人選，他還推薦說：「只要有像張耕、劉肅這樣優秀的牧守前去治理，一定可將邢州治理好。」

忽必烈採納了劉秉忠的建議，以邢州為推行漢法的試點。他奏請朝廷批准，選派內侍脫兀脫、牧守張耕、尚書劉肅等人為正副安撫使前往邢州。後來，「三人至邢，協心為治，洗滌蠹弊，革去貪暴，流亡復歸，不期月，戶增十倍」。效果十分良好。

從治理邢州的成功經驗中，忽必烈看到了推行漢法的巨大成效，感觸很深。從此，他對漢儒謀士更加器重，廣泛採納他們的建議，各種重要政事逐步交由劉秉忠等人處理。

自元憲宗二年（西元一二五二年）以後，忽必烈陸續採納了劉秉忠的一系列建議，在河南唐、鄧等州和陝西鳳翔、京兆等地推行漢法，採取了諸如實行屯田，招撫流民，勸課農桑，興修水利，發行紙鈔，整飭吏治，整肅漢軍，減輕賦役，建置學校，保護儒士等措施，興利除害，收效顯著。這樣，在忽必烈主管漠南漢地後，很快就使中原一部分地區得到初步的治理，為他後來奪取帝位，統一全國，打下了較好的政治基礎和經濟基礎。

忽必烈重用漢儒、推行漢法的做法引起了蒙古貴族和守舊勢力的不滿，一些別有用心者散布流言，藉機發難。元憲宗六年（西元一二五六年），有人在蒙哥汗面前進讒言，說忽必烈有「得中土之心」。這使蒙哥汗懷疑忽必烈有另立王國之意，不由得頓生疑竇。他派遣親信大臣阿藍答兒為大鉤考，在關中設立鉤考局，借審查之名給忽必烈宗王府所轄關中的許多官吏羅織各種罪名，嚴加懲罰，致使許多官吏無辜被殺被罰。忽必烈在謀士姚樞的勸說和策劃下，以放棄漠南漢地管理權，返回和林居住為條件，求得蒙哥汗的諒解。

忽必烈回到和林後，在劉秉忠等謀士們的幫助下，繼續積聚力量。蒙哥汗是忽必烈的長兄，原來關係很好。在劉秉忠等的建議下，忽必烈說服蒙哥汗，使他同意在靠近中原的地方另建一陪都，遷王府於陪都。這樣做表面上是表示無意「得中土」，實際目的則有兩個，一是為了擺脫和林守舊勢力的干擾，二是為將來重新控制漠南漢地建立一個大本營。劉秉忠受命在桓州（今內蒙古正藍旗北）東北、灤河北岸的龍岡選擇了一塊風水好地，營建王府宮室和房舍，歷時三年建成，定名開平。忽必烈在這裡聚集了一批重要謀士，成為忽必烈集團的根據地。

在當時，對於蒙古貴族統治者來說，推行漢法確是件不易之事。這不僅是統治政策的改革，尤其關係到統治觀念的改變。在這方面，如何將儒家「得民心者得天下」的仁治觀念灌輸到忽必烈的頭腦中，改變其視征戰殺戮為尋常事的落後觀念，這在忽必烈出征時甚至是比推行漢法更難解決的問題。為此，劉秉忠等許多漢族謀士都費了一番苦心。

元憲宗三年，蒙哥汗命忽必烈遠征大理，劉秉忠與姚樞等一班謀士都隨軍出征。劉秉忠一有機會就在忽必烈身邊宣揚佛家和儒家愛護生靈、興正義之師的道理，宣稱「天地之神是好生的，真正的王者神武而不妄殺」，極力主張執行懷柔政策。忽必烈聽從他的建議，公開表示不妄殺無辜。忽必烈率軍一路征戰，進至距大理城不遠的地方。忽必烈派使臣前去招降，結果一去不復返。忽必烈料想他們凶多吉少，便與大將兀良哈台分軍繼進，連克堡塞，包圍了大理城。大理國國王段興智與權臣高祥、高和兄弟率領軍隊出城迎戰，結果大敗而歸。忽必烈再次招降，段興智等不降，乃率殘部棄城而逃。忽必烈派人找到了被殺的使者屍首，大怒，立刻要下令屠城。

劉秉忠急忙上前勸阻道：「殿下，殺使拒命者是高祥等人，並非城民之罪。姚樞先生所講宋將曹彬征南唐的故事，您難道忘了嗎？您還記得您對姚樞先生許下的諾言嗎？」姚樞、張文謙也懇請忽必烈饒恕城民。忽必烈這才從盛怒中清醒過來，想起以前的許諾，結果使大理城中百姓得以免遭屠殺。不僅如此，忽必烈似有所悟，為籠絡民心，還實行了一些頗為開明的政策。因此，雲南成為蒙元帝國頗為鞏固的根據地。

由於勸行懷柔政策在遠征雲南的戰事中取得了很大的成功，劉秉忠每遇忽必烈出征，便不遺餘力地督促其堅持推行懷柔政策。元憲宗九年（西元一二五九年），忽必烈受命配合蒙哥汗大舉伐宋。在出征前，劉秉忠又以征大理的經驗再次向忽必烈進言說：「王者之師，有征無戰，對誰作戰都應一視同仁，不可嗜殺。」忽必烈當即答應道：「期望與卿等共守此言。」待大軍入宋境後，忽必烈命各路將領不得妄殺百姓，不許焚燒房屋，作戰時所俘虜的軍兵丁口一律釋放。正是由於推行了懷柔政策，使得忽必烈軍進展順利，南宋許多城鎮和軍隊都望風而降。大軍所至，南宋軍民「全活不可勝計」。所以，元軍很快就打到了長江邊，並由戰略要地陽羅堡（今屬湖北）渡江。這時，劉秉忠又向忽必烈獻策說：「古人領兵作戰都要及時行賞，以便激勵將士的士氣，奮勇殺敵立功。現在，我三軍野戰多日，所向披靡，卻沒有得到應有獎賞犒勞。應即刻派一名近臣前往犒賞三軍。」忽必烈認為此策甚好，立刻派近臣忽魯蘇代表自己到前線勞軍。因此全軍士氣大振，人人樂為忽必烈效力，個個奮勇爭先，結果在突破長江天險後，幾乎馬不停蹄地又進圍南宋重鎮鄂州。

就在這時，蒙哥汗病死在四川前線。消息傳到軍中，忽必烈立刻召集諸將和諸謀臣商議。謀士郝經提出「斷然班師，亟定大計」，得到劉秉忠、姚樞等一班謀臣武將的大力支持。忽必烈採納了這個計策，立即罷兵議和，迅速返回開平王府，並於西元一二六〇年三月在開平單方面召開忽里勒台大會，在部分諸王貴族支持者的擁戴下宣布即位。接著，忽必烈憑藉著近十年經營漠南漢地所集聚起來的經濟和政治實力，一舉打敗了另立為汗的弟弟阿里不哥，確立了君臨天下的絕對地位，成為元王朝的建立者。

三、行仁義之師，定一代成憲

在劉秉忠的輔佐下，忽必烈本人實際上日益在「漢化」。從實踐中他深深體會到，行「仁義之師」有利於奪取戰爭的勝利，也有利於鞏固勝利果實。他在即大汗位後，更按照劉秉忠之議定「一代成憲」，很快建立起在全國的統治。

忽必烈的即位標誌著蒙古汗國進入了一個新時期。這是因為，元朝的「一代成憲」正是從這時起開始逐步建立起來的。很顯然，忽必烈十幾年來一直都在考慮著的一個重大問題，就是如何建立一個既能保持「國朝（蒙古）之成法」，又有適應中原地區經濟文化發展水平的一整套制度。對於這個問題，忽必烈經過多年來與漢族謀士的密切交往，特別是近十年在漠南漢地的實踐，其思考逐漸成熟起來。

忽必烈將制定治國方略的重任交給了劉秉忠：「凡治天下之大經，養民之良法，卿其議擬以奏。」劉秉忠立即著手進行這項工作。他上採祖宗舊典，參考古代制度，結合現實需要，尤其是參照「漢法」，詳細列出條文上奏忽必烈。忽必烈看罷非常滿意，便下詔實行。

首先，忽必烈採取了一個具有重大意義的措施——建立年號。自成吉思汗建國後，歷代大汗一直未採用過年號。忽必烈採納劉秉忠等人的建議，按中原王朝的傳統，於西元一二六〇年五月正式下《中統建元詔》，稱帝建年號。建立年號一事，是忽必烈按照中原王朝的模式來建立自己王朝的第一步，表示蒙古汗國繼承中原王朝「前代之定制」，也表示蒙古統治者統一全國、實現「天下一家」的意志。西元一二六四年，忽必烈又下詔改燕京為中都，升開平為上都，並改元「至元」。後又於至元三年（西元一二六六年）命劉秉忠在中都相其地形，設計和營建都城宗廟宮殿建築。

至元八年（西元一二七一年），忽必烈採納劉秉忠的建議，作出了又一重大決策，即廢「蒙古」國號，取《易經》中的「乾元」之義，建新國號為「大元」，進一步表示了要統一天下，實現「天下一家」的意志。

次年，忽必烈又根據劉秉忠的建議，將國家統治重心移至中原，遷都中都，改稱大都（今北京），實現了統治重心南移的歷史性轉變。

忽必烈為了建立穩固的政治制度，逐步建立健全中央和地方行政體制。他按照劉秉忠和其他漢儒謀臣的建議，在中央沿襲金制，設立中書省，總理全國政務。中書令由皇太子兼領，其下分設右左丞相、平章政事和副相（包括右承、左承和參政），大批親信漢族謀臣被任命為朝廷大臣。例如，王文統、趙璧為平章政事，張文謙為左丞等等。中書省下設吏、戶、禮、兵、刑、工六部，置尚書、侍郎分理各部政務。

後來，忽必烈在李坦之亂後，採取罷世侯（即廢除諸侯世襲制）的方式將兵權收歸中央，設立樞密院以總領全國軍務。樞密院長官為樞密使，由皇太子兼領，下設副使、同知院使、副樞、簽院、同簽、參議等各級官職。至元五年，又設立御史台，總管全國司法和監察事務。以右丞相為御史大夫，下設御史中丞、侍御史、治書御史等職位。另外，御史台下又設立中司和察院，專門負責監督和彈劾各級官吏。

在地方行政機構設置上，忽必烈根據劉秉忠等人的議奏，借鑑宋、金之制，改革全國地方行政機構。建元中統後，阿里不哥聯合漠北諸王起兵反叛，忽必烈立即在漠南漢地設立十路宣撫司，作為地方最高行政機構，統歸中書省管轄，長官宣撫使由中央直接任命和派遣。這樣，通過各路宣撫使，忽必烈便將漠南漢地乃至全國都牢牢地控制在自己的手中。不久，將宣撫司改稱行中書省事，全國除中央直轄區外，共設十個行中書省，簡稱「行省」，形成了沿用至今的行省制。行省之下分設路、府、州、縣等各級地方政府機構。

另外，忽必烈「頒章服，舉朝儀，給俸祿，定官制」等，都是按照劉秉忠建議而制定的。

古代的君王，特別是開國之君，身邊通常都有陰陽術士為其服務。忽必烈也不例外。在忽必烈的身邊，有幾個專職的術士為他服務，包括薩滿、釋、道等各教術士。但是，忽必烈最信賴的恐怕就是劉秉忠了。劉秉忠一身兼通儒、釋、道三教之學，深得各教要旨，且無門派偏見，所以很為忽必烈所賞識，不僅遇有軍政大事必徵詢意見，而且還把在恆州為藩王府看風水、建王宮，在燕京為元朝帝都看風水、建宗廟皇宮這等大事委託劉秉忠辦理，足見忽必烈對劉秉忠陰陽占卜之術深信不疑。忽必烈在劉秉忠死後曾對身邊的大臣們說：「劉秉忠的陰陽術數之精湛，預知來事與實際之吻合，只有朕一人知道，他人不得而知。」實際上，陰陽占卜不過是劉秉忠使自己的意見被忽必烈採納的一種手段。古人都有迷信心理，劉秉忠正是利用了忽必烈的這種心理。

劉秉忠一直扮演著謀士和術士的雙重角色。忽必烈每當面臨重大決策或行動時，總要請劉秉忠為他占卜算卦，以便預卜吉凶成敗。劉秉忠在這方面似乎確有神機妙算之能，他將自己的意見和占卜糅為一體，使忽必烈深信不疑，增強了必勝的信心，因而他的建議屢屢奏效。

四、舉薦賢能，常居禪寺

在劉秉忠的輔佐下，忽必烈建立了元朝，並陸續建立起了完備的典章制度。劉秉忠在元廷中功高位顯。但是，他視個人的官爵利祿淡泊如水。《元朝名臣事略》中寫道：「上（忽必烈）在潛邸，儒士之所以長途跋涉，冒風霜而至，往往有所陳訴祈請。唯公（劉秉忠）獨無所求。」

當時，一些與他同時入侍忽必烈的漢人和許多由他薦舉入朝的儒士都已做了高官，享有厚祿，獨有他依然如故，僧衣齋食，無官無爵，以皇帝的賓友自居，過著出家人的清貧生活。至元元年，翰林學士王鶚上書元世祖忽必烈。奏書中稱：「劉秉忠久侍藩邸，已有多年，參帷幄之謀，定國家大計，忠貞勤勉，應予褒獎。現陛下已御極天下，萬物維新，而功臣劉秉忠卻一仍野服散號，臣深為不安。現授以顯爵，藉以勉勵群臣。」忽必烈深以為是，遂頒詔，令其還俗，賜名劉秉忠，拜官光祿大夫，位太保，參預中書省事。同時，忽必烈還親自作媒，以翰林侍讀竇默之女做劉秉忠之妻，並將奉天坊賜予劉秉忠做私宅。劉秉忠一再推辭，但忽必烈堅執不許。劉秉忠無奈，只好接受元世祖的封賞。但是，儘管他位極人臣，有豪華的宅邸，他卻仍住禪寺，終日淡然，粗茶淡飯，每以吟詩自適，自號藏春散人，與未封賞前並無什麼明顯不同。

領受封賞之後，劉秉忠雖然位居高官，仍然齋居素食，生活恬淡如初。對他來說，這些官爵和產業如同虛授。可是，他以天下為己任，事無鉅細，凡有關國家大計者，知無不言，尤注意為朝廷選拔推薦人才。早在忽必烈居漠北時，劉秉忠就上書忽必烈：「國家廣大如天，萬中取一，以養天下之名宿儒……使之不致困窮，以便隨時為君主量才適用。」劉秉忠為人正直，他為忽必烈盡心舉薦賢能。為倡行漢法，他大量推薦中原的漢族儒士。經他推薦的人才許多成了一代名臣，如姚樞、張文謙、許衡等。正因為這樣，當時元廷中漢族人才薈萃，其盛況如《元朝名臣事略》中所述：「在元朝的旗旛招展之處，在蒲傘華蓋迎賓所在，一位又一位德高望重的名儒和有奇才異能的名士接踵而至，月月不斷。」劉秉忠為忽必烈做出了許多重大貢獻，而舉薦賢能是他最大的貢獻之一。

由於劉秉忠舉薦了許多人，他有時也因此而受到連累。在李坦之亂發生後，忽必烈發現他重用的朝臣王文統竟是李坦同黨，他立刻將其處死。事情並沒有就此結束。李坦事件在忽必烈的心裡留下一個巨大的陰影，他對漢人產生了疑忌心理。在進一步追查王文統的進身之路時，對推薦過王文統的一批漢族文臣，包括劉秉忠在內都產生了懷疑。其中商挺、廉希憲、趙良弼三人都受到忽必烈的親自訊問。趙良弼差點被處以割舌之刑。商挺被從元廷中排擠了出來，先是調任四川，後又遭誣告，多次被囚禁。就連姚樞、許衡、張文謙等未受牽連的漢臣，也漸漸不受重用。漢族將領史天澤等都被迫交出了兵權。與此同時，色目人作為可信賴的幫手在忽必烈的心目中地位卻日益得到加強。如像阿合馬這樣的花剌子模人，自中統三年以後，連年被加官晉爵，不斷委以重任。最後，忽必烈乾脆於至元二年頒旨，正式規定：「以蒙古人充各路達魯花赤，漢人充總管，回國人充同知，永為定制。」達魯花赤是駐各地的最高長官。此後，色目人在元朝政治上的重要性日益增強，中央實權漸漸落入阿合馬等人手中，漢人謀士的地位相應降低。

眼見忽必烈用人態度的這個大變化，劉秉忠心中十分清楚，又自知無力扭轉大局。這是因為，他自己也因舉薦王文統而受到牽連，只是由於忽必烈比較信任他，並在許多事情上離不開他，這才讓他繼續留在身邊。這使劉秉忠清楚地感覺到，自己雖仍居高位，但忽必烈對漢儒的疑忌心理已越來越重，他最信任的謀臣已是蒙古人和色目人。

劉秉忠看到，元朝的統治已大體穩定，元世祖忽必烈似乎已不那麼需要漢儒為他出謀劃策。眼見一個個漢儒或被治罪，或被斥逐，劉秉忠決定急流勇退。至元十一年（西元一二七四年），劉秉忠隨忽必烈去上都（開平）。那裡有座南屏山，劉秉忠在山上築一小屋，只要皇帝不召見，他就在那裡靜心修行。忽必烈本來對他也有疑心，但看到劉秉忠仍留戀佛家的清靜生活，感到他沒什麼野心，因而對他的疑心自然也就消失了。這實際上也是劉秉忠的自保之術，事實證明這種自保之術是成功的。

這年秋八月，劉秉忠在南屏山小屋中「端坐而卒」，無疾而終，享年五十九歲。忽必烈聞訊後非常悲哀，在朝廷上對群臣說：「秉忠事朕三十餘年，小心縝密，不避艱險，言無隱情。」劉秉忠家無餘資，忽必烈出內府銀為劉秉忠治棺木，命禮部侍郎趙秉溫掌治喪事宜，隆重安葬於大都。元世祖忽必烈降旨，為劉秉忠贈官太傅，封趙國公，謚號「文貞」。後來，元成宗又贈官太師，謚號「文正」，到元仁宗時，又進封劉秉忠為常山王。

劉秉忠留有文集十卷，其詩文恬淡閒雅，頗類其為人。他正是在恬淡中成就了一番大事業，這不能不說是他的奇特之處。

本文主要資料來源：《元史》卷一五七，〈劉秉忠傳〉；卷四，〈元世祖本紀〉；《元朝名臣事略》卷七，〈太保劉文正公傳〉。

素負經世之才　助明定國安邦

劉基傳

李冬生

在明朝的開國功臣當中，有所謂「明初四先生」之稱，其中最著名的是劉基和宋濂。宋濂以文章博知著稱於世，劉基則以謀略出眾為歷代所傳頌。明朝的開國皇帝朱元璋將劉基稱之為自己的張子房（張良）。僅此一點即可看出，劉基在朱元璋眾謀士中的地位是何等之高。

一、初試鋒芒

劉基（西元一三一一年～西元一三七五年）是浙江青田人，字伯溫。劉基家是當地望族，他的曾祖父名劉濠，在宋朝末年任翰林掌書。宋朝被元滅亡後，青田人林融起兵反元，浙江的許多士大夫參與其事。這場起義被元軍鎮壓下去以後，元廷遣官窮查餘黨，當地許多士大夫受到株連。元朝使者帶著要株連的名單，準備下一步大肆誅殺。這個使者在劉濠家借宿，劉濠對使者盛宴款待，令其喝得酩酊大醉。半夜時，劉濠放火燒了房子，使者所攜帶的名單也隨之被大火燒掉。於是，名單上被株連的人都因此而倖免於難。

劉基自幼聰明過人，他的塾師曾對他父親說：「你祖上積德深厚，所以神靈讓你家生了這麼個聰明孩子。這個孩子日後的前程不可限量，一定會為你家光耀門庭。」劉基的父親自然十分高興，更加留意對劉基的培養，總是聘請最有學識的人充任劉基的塾師。

元末至順年間，劉基舉進士，授官高安縣丞。他為官清正廉潔，頗有政聲，不久即被提升為江浙儒學副提舉。因一個御史失職，劉基上疏彈劾。由於這個御史的同黨暗中阻撓，劉基的奏疏如石沉大海，未產生任何反響。劉基極為氣憤，便又上一疏，對那個御史再次進行彈劾，但仍和上次一樣，未產生任何作用。不僅如此，這個御史的同黨還對劉基進行威脅利誘。這件事對劉基的刺激很大，使他認識到了官場的黑暗。他本來打算盡心為元朝效力，但此事對他無異於當頭一棒，使他感到事不可為，沒必要再為腐朽的元王朝賣命。於是，他毅然辭去元朝的官職，回到青田老家。他利用家居的這段閒暇，博覽群書，不僅精讀儒家經典，而且對天文術數之學無不精通。元末天下動盪，農民起義此起彼伏，元王朝處於風雨飄搖之中。劉基一面在家讀書，一面時刻關心著天下大事，與友人談話時，總是侃侃而論，見解精闢，令人傾倒。西蜀大名士趙天澤在說起江左人才時，首推劉基，認為劉基是一個可以和諸葛亮並列的人物。

元順帝至正八年（西元一三四八年），浙東人方國珍趁天下大亂，亦起兵反元，在瀕海各州縣大加劫掠。元軍對方國珍屢加征討，但官軍總是失敗的時候多，而方國珍的勢力卻越來越大。元朝官府鑑於劉基的聲望，遂徵聘劉基為浙東行省都事，要他協助剿除方國珍。劉基建議，加固慶元等城池，然後派出精銳伺機攻殺。浙東行省按照劉基的建議重新部署，使方國珍很快陷於被動，屢次被官軍打敗，損失慘重。迫不得已，方國珍遂上書請降。那些當政的官員大都暗中接受了方國珍的賄賂，所以都主張接受方國珍的投降。劉基雖然是方國珍的同鄉，但卻力主拒降，認為方國珍投降是假，日後仍舊會危害地方。另外，劉基認為，對方國珍這樣造反的人不嚴加剿除，不足以警戒其餘。如這時不趁機澈底剿除，他就會做大，日後為害更烈。劉基一再力請，惹得當局大怒，認為劉基越權言事，擅作威福，竟將劉基羈押於紹興。當時，方國珍得知劉基反對受降後，也曾派人以重金向劉基行賄，被劉基嚴辭拒絕。方國珍最後終於如願以償，使元廷接受了他的投降，並被元廷授以官職，仍駐浙東。他名義上雖投降了元廷，但實際上仍擁兵自雄，並不服從元廷調遣。後來果不出劉基所料，方國珍不久又叛去。

在方國珍投降不久，其他小股農民起義不斷出現。為鎮壓這些農民起義，元官軍疲於奔命，收效甚微。這些農民起義軍自然有一些剽掠行為，劉基對此十分痛恨。因此，他一直主張對這些農民起義要嚴加剿除。在屢剿無效的情況下，浙東行省便又重新起用劉基，與另一個官員協力防守處州。在劉基的精心謀劃下，處州的防務大為加強，起義軍數次進攻都被擊退。為此，經略使向元廷報劉基守城功高，請予升賞。但因劉基曾反對招降方國珍一事，當局並未按功行賞，而只是授給劉基一個總管府判的小官，且不能參與兵事。劉基認為這是對自己的汙辱，遂辭官還籍。他在這段家居期間，寫成了《郁離子》一書，在書中表達了他的豪邁志向。這表明，他並不安於這種家居生活，而是在等待時機，以求一展鴻圖。

二、助太祖決策，智滅陳友諒

劉基生活的元末明初是個急劇動盪的時代，天下紛紛擾擾，戰亂不止。元朝末年，由於統治集團日益腐朽，階級矛盾、民族矛盾和各種社會矛盾迅速激化，各地人民的起義鬥爭此起彼伏。至正十一年（西元一三五一年），劉福通等人以「重開大宋之天」相號召，在河南發動了大規模起義，在亳州（今安徽亳縣）擁立韓林兒為小明王，建立政權，國號「宋」，年號「龍鳳」。接著兵分三路大舉北伐，攻占汴梁（今河南開封）後，便以汴梁為國都號令各地。劉福通起義後，各地的白蓮教徒紛紛起兵響應。明太祖朱元璋原是個遊方僧，他看到天下大亂，便丟棄了僧人的衣缽，投身到郭子興的起義軍中。郭子興看他才略出眾，就把自己的養女馬氏嫁給他，這就是以賢惠著名的馬皇后。至正十五年（西元一三五五年），郭子興病死，朱元璋就成了這支隊伍的統帥。他率軍渡過長江，並於第二年攻占集慶（今南京），改名應天府，作為自己的根據地。朱元璋仍用龍鳳年號，自稱吳國公。朱元璋的力量一天天壯大起來，成了逐鹿中原的一支勁旅。

這時，除了北邊的元政權以外，對朱元璋威脅最大的是陳友諒和張士誠。

陳友諒原是徐壽輝的部下。徐壽輝是長江中上游的紅巾軍首領，國號「天完」，年號「治平」。後來，陳友諒把徐壽輝殺掉，自稱皇帝，國號「漢」，年號「大義」。他擁眾數十萬，與朱元璋展開激烈的爭戰。

張士誠以平江（今蘇州）為都城，自稱誠王，國號「周」，年號「天祐」。他不屬紅巾軍系統，對元政權時降時叛。另外，浙東還有一個方國珍割據政權，也有相當勢力。在四川，明玉珍還建立了一個大夏政權，年號「天統」，定都重慶。這些割據勢力你爭我奪，都想取元政權而代之。朱元璋被夾在陳友諒和張士誠兩大集團中間，時刻面臨著來自兩邊的攻擊。陳友諒和張士誠還不斷暗中聯繫，企圖聯合滅掉朱元璋。

朱元璋一邊招兵買馬，興屯田，鞏固根據地，一邊廣加蒐羅人才。他聽說劉基和宋濂的大名，就派人帶著豐厚的禮品去聘請。第一次聘請劉基時，劉基堅辭不出。朱元璋得知總制官孫炎是劉基的朋友，便命孫炎致書劉基，誠意相邀，力請出山。劉基這才來到應天，為朱元璋出謀劃策，成為朱元璋奪天下、安天下的第一謀士。

劉基見到朱元璋，馬上「陳時務十八策」，亦即十八條建議。朱元璋看了後十分高興，覺得劉基的確是個難得之才。於是，朱元璋特命修建「禮賢館」，專門用作劉基的住處，優禮有加。劉基有什麼想法和建議，隨時可報告朱元璋。由於朱元璋也屬於紅巾軍系統，所以一直尊奉韓林兒。元旦時，朱元璋為韓林兒設御座，上掛韓林兒的畫像，上下人等都向韓林兒行跪拜禮，只有劉基不肯下拜。他還對朱元璋說：「他只不過是個放羊的孩子，尊奉他有什麼用呢！」劉基認為當今天下大亂，元朝不可復興，應趁機成大事，以順天命，不必再尊奉這麼一個小孩子。這對朱元璋是個極大的啟發。朱元璋小時候沒上過學，後來只是在馬背上學了點文化，只是看到天下大亂，自己便也投身到起義軍中，起初並沒有要當皇帝的念頭。經劉基這麼一開導，朱元璋大為醒悟，初步樹立了要奪天下當皇帝的信心。後來，朱元璋以接韓林兒來應天為名，將他沉殺於江中。

當時，陳友諒兵力最強，控制的地盤最廣，野心也最大。他聽身邊的謀士說，應天府有鍾山王氣，風水好，占領了應天就可以成就王業。於是，陳友諒和張士誠相約，聯合進攻朱元璋。不久，陳友諒就率領一百餘艘大戰艦，數百艘小戰船，浩浩蕩蕩向應天殺來。面對強敵，朱元璋部下的文臣武將都嚇破了膽，有的主張投降，有的主張棄城外逃，七嘴八舌，亂作一團。膽子小的官員甚至在背地裡收拾細軟，準備私下逃跑。當朱元璋與部下商議應對之策時，獨劉基兩眼圓睜，閉口不言。朱元璋看劉基的表情與眾不同，就把他引入密室。劉基激動地說：「先殺掉那些主降和打算逃跑的人，才能擊破強敵。」朱元璋問破敵之計，劉分析道：「張士誠齷齪無大志，只想保住他那塊地盤，不會有什麼作為，可以暫時不必管他。主要的危險來自陳友諒，他兵馬多，又有許多大軍艦，且居我上游，野心勃勃。而對這種形勢，軍事上應爭取主動，針對主要敵人，集中力量先除掉陳友諒。上游無事，張士誠勢孤，一舉可定。然後再北取中原，可成王業。」朱元璋聽了後十分讚賞，於是下決心首先消滅陳友諒。

劉基進一步分析道，陳友諒雖然人馬眾多，但恃驕而來。「天道後舉者勝」，我軍以逸待勞，何愁不能破敵！他建議朱元璋以至誠待下，開府庫，以固將士之心，然後齊心協力，伺機破敵。聽了劉基的一番話，更加堅定了朱元璋必勝的信心，對劉基的建議，都一一照辦。城中原來惶恐的氣氛頓時全消，上下充滿了必勝的信念。

劉基得知，朱元璋的部下康茂才與陳友諒是老朋友，康茂才的老管家也侍候過陳友諒。劉基遂授意康茂才，讓他的老管家偷跑到陳友諒軍中，帶去康茂才的親筆降書，並告訴陳友諒一些假情報，願與陳友諒裡應外合，勸陳友諒兵分三路直取應天。陳友諒見書大喜，按約定的路線向應天殺來。

朱元璋在劉基的謀劃下，命胡大海攻取廣信（今江西上饒），直搗陳友諒的後路，另一面按陳友諒的進軍路線埋設伏兵，只等陳友諒來自投羅網。當陳友諒進入埋伏圈後，山上紅旗招展，四周伏兵吶喊著奮勇出擊，陸上、水上一齊打，很快將陳友諒這支精銳部隊擊潰，殺死、淹死不計其數，俘虜兩萬餘人。陳友諒的水軍因退潮擱淺，船隻都動彈不得，結果全部被俘。朱元璋乘勝收復了太平，並進而攻占了原屬於陳友諒的安慶、信州、袁州等地。

張士誠得知陳友諒被朱元璋打敗，就根本沒敢出兵。這也正應驗了劉基的預料。朱元璋為這次大勝十分高興，認為劉基是第一功臣，拿出繳獲來的大批金銀珠寶賞賚劉基。但劉基並不居功自傲，而是把勝利歸之於朱元璋指揮有方，自己對這些金銀珠寶堅辭不受，而要朱元璋將這些東西賞給在前線作戰的將士。這一來，朱元璋對劉基愈加器重。

陳友諒自恃兵馬比朱元璋多，自然對這次失敗不服氣，不久便又率大軍重新奪回了安慶，並繼續向應天方向進攻。朱元璋決定溯江西伐，在戰船上樹起大旗，上面寫著「弔民伐罪，納順招降」八個大字。陳友諒部下有員驍將，名叫趙普勝，人稱「雙刀趙」，經常攻陷朱元璋西邊的軍事重鎮，是支勁敵。劉基探明，雙刀趙原是徐壽輝的部下。在徐壽輝被陳友諒殺掉後，徐壽輝原來的部將有不少人投降了朱元璋。陳友諒疑心重，為人忌能護短。劉基便抓住他的弱點，使用反間計，陳友諒果然將趙普勝殺掉。趙普勝手下的將領心懷怨恨，也就不再肯出力死戰。趁陳友諒將帥不和，士氣低落，朱元璋督軍大舉進攻，一鼓作氣攻占了安慶和江州等地。陳友諒倉皇逃回武昌，手下大將傅友德和丁普郎都率領部下投降了朱元璋。這一戰基本上扭轉了雙方的力量對比，使朱元璋可以與陳友諒一決雌雄了。

這時，鎮守龍興的陳友諒守將胡美見朱元璋屢勝，便派自己的兒子向朱元璋通款，表示願歸附，但要求他手下的部眾不要被解散。朱元璋面露難色，覺得不解散部眾便不算歸附。劉基看出了朱元璋的為難之意，在後邊踢了踢朱元璋的座椅。朱元璋會意，馬上答應了胡美的請求。於是，胡美正式歸附了朱元璋，江西一帶不戰而附，大大地壯大了朱元璋的勢力。事後，朱元璋稱讚劉基高明過人。

劉基看到局勢初安，便提出要回家為母親守制。朱元璋這才知道，劉基的母親已死去多日，只是因軍情緊急，所以劉基才沒向他提起此事。朱元璋為此頗受感動，馬上准劉基回鄉。這時，浙東幾乎到處都有割據武裝，朱元璋的大將胡大海居然也被殺掉了，整個浙東一片混亂。劉基一邊為母親治喪守制，一邊幫助守將夏毅安撫諸地，使浙東漸安定下來。在浙東的方國珍一向敬畏劉基，這時向劉基致書弔唁。劉基在答書中極力稱讚朱元璋的威德，勸方國珍不可再猶豫不決。於是，不費一刀一槍，方國珍就歸附了朱元璋。劉基雖然在家為母親守制，但朱元璋每逢軍國大計，自己難以決定，就派人來問劉基。劉基的條答都極合朱元璋的心意。朱元璋一些大的軍事行動大都是按照劉基的建議來部署。

當劉基守制期滿回到應天後，正趕上北邊的形勢發生了大變化，在北邊的紅巾軍因孤軍深入，兩路大軍全軍覆沒，只有山東的一支還勉強堅持了下來。韓林兒退居安豐，孤立無援，形勢十分危急。劉福通不得已，只好派人向朱元璋求援。

在朱元璋出兵援安豐之前，劉基極力阻止，認為大軍不可輕出。尤其是陳友諒虎視眈眈，如大軍北去援安豐，陳友諒若乘機來攻，就會進退無路，形勢就極為危險了。另外，把小明王韓林兒救出來，把他擺在什麼位置呢？如奉他當皇帝，那豈不是平白給自己加個頂頭上司嗎？如果要把他關起來或者殺掉，那救他又幹什麼呢？但朱元璋卻不採納，認為安豐是應天的屏障，救安豐就是保應天。於是，朱元璋便親自率領大軍出救安豐。不料，朱元璋大軍還未趕到，劉福通已戰敗被殺。朱元璋督軍力戰，將小明王救出，安置在滁州，將他身邊都換上自己的人，名為尊崇，實際上是將小明王控制了起來。

果不出劉基所料，在朱元璋率軍援救安豐的時候，陳友諒果然乘虛來攻，並很快占領了吉安、臨江等地。陳友諒的漢軍這次來攻的規模比上次更大。他因上次戰敗，疆土日益變小，氣憤不過，特地建造大戰艦數百艘，高數丈，一色丹漆，上下三層，上下層之間聽不見對方說話。大的可容三千人，小的可容二千人。這在當時就是很大的戰艦了。陳友諒自以為必勝，帶著百官和家小，傾國而來，號稱大軍六十萬，意在一舉消滅朱元璋。

劉基一直勸朱元璋要避免兩線作戰，這時可真要兩線作戰了。對朱元璋來說，形勢的確很危急。幸虧朱元璋的侄子朱文正固守洪都（今江西南昌），使漢軍一直未能得手。漢軍幾乎用盡了攻城的方法，朱文正也用盡了防禦的方法，這場洪都攻守戰一直打了八十五天，雙方傷亡都很慘重。這為朱元璋爭得了寶貴的時間，阻擋了漢軍不能直撲應天。七月，朱元璋從北邊回師後，便親統二十萬大軍來解洪都之圍。陳友諒得知朱元璋來攻，不得不撤圍，掉過頭來到鄱陽湖迎戰朱元璋。於是，雙方展開了一場歷史上有名的鄱陽湖大戰。

在鄱陽湖大戰中，雙方都幾乎傾注了全部兵力，苦戰三十六天之久，是一場決定生死存亡的大會戰。在這場大會戰中，無論從兵力上還是從裝備上，漢軍都占有明顯的優勢。但是，朱元璋的軍隊上下齊心，士氣較高。劉基和朱元璋一直同乘一船，部署指揮大都按劉基的建議辦。一天，朱元璋親自督戰，劉基就在朱元璋旁邊。劉基忽然發現，漢軍的大砲已對準朱元璋的指揮艦，立即拉朱元璋跳到另一艘船上。他們二人剛離開，那艘指揮艦就被漢軍的大砲擊沉。陳友諒以為朱元璋必死無疑，十分高興。不大一會，朱元璋乘著別的船攻了上來，陳士諒和部下的將士都大驚失色。雙方混戰三天不分勝負。劉基仔細分析了雙方的形勢，便建議朱元璋派一支人馬扼守湖口，然後主要用火攻消滅敵人。漢軍的船大，幾十條大軍艦用鐵索連在一起，雖有不怕風浪的優點，但轉動不靈活。朱元璋的船雖然小，但操縱靈活，進退自如。漢軍發現後路被切斷，軍心更加動搖。朱元璋調集來大量的火炮、火銃、火蒺藜等火器，還有一種叫「沒奈何」的火器，長約七尺，外裹以蘆葦，中間裝上火藥捻子。在與敵船靠近時，就點燃火線，使「沒奈何」落到敵船上，敵船頓時被燒毀。這種火器接連燒毀了漢軍的數艘大戰船，使漢軍防不勝防。火器進攻後，接下來的就是白刃戰，短兵相接，喊殺聲震天動地，箭如雨點，炮如雷轟，波浪掀天，殺得湖水都被染紅了。陳友諒看到連戰失利，就打算衝出湖口。在激戰中，陳友諒要親自看明情況，就把頭伸出船艙外邊。結果，陳友諒剛把頭伸出來，就被飛箭射中，立即死去。漢軍全軍皆敗，陳友諒的兒子陳理急忙逃回武昌。

朱元璋雖然取得了這次大會戰的勝利，但也付出了沉重的代價，將士傷亡慘重。朱元璋回來後對劉基說：「上次未聽先生的話，差點誤了大事。我實在不應該到安豐去。假如陳友諒趁應天空虛，直搗應天，我就沒有退路了，幸而陳友諒不直攻應天，而是去攻打洪都，在洪都相持了三個月，為我爭取了時間。陳友諒出此下策，怎麼能不失敗呢？可是，這一仗雖然打勝，也是夠危險的啊！」從此以後，朱元璋對劉基更加倚重。

三、運籌帷幄，翦滅群雄

按照劉基最初的戰略分析，朱元璋在消滅了西邊的陳友諒之後，下一步就是要對付張士誠了。在劉基的策劃下，對張士誠的進攻分為三個步驟。第一步先攻占淮水流域，使張士誠的勢力僅侷限於長江以南。這個計畫在大約半年的時間內完成。第二步是切斷張士誠的左、右兩臂，分兵兩路，攻取杭州和湖州，這個攻勢在三個月的時間內即告完成，從而造成對平江從西、北、南三面包圍之勢。第三步就是對平江的攻圍戰。前後一直打了十個月，最後將張士誠俘獲。

在對張士誠大舉進攻之前，劉基和宋濂為朱元璋擬定了一篇討伐張士誠的檄文。檄文首先說明了當時的情勢和起兵經過，接著又列舉了張士誠的八條罪狀，從而把朱元璋一軍說成正義之師。檄文末段極力分化張士誠軍民，說明只殺首惡，不追究從犯；凡投降過來的，都一律推誠任用；逃亡的軍民和投降過來的軍士，都許他們回去；百姓無論貧富，都允許他們保有原來的田產房舍。對於爭取張士誠部下的歸順，減少大軍進攻時遇到的抵抗，這篇檄文發揮了重要作用。

張士誠死守平江（今蘇州），拒不投降。朱元璋的大軍經十個月的圍攻，終將平江攻克。張士誠見大勢已去，回屋上吊自殺，被部下救起。他在被押赴應天的途中，閉目不語，也不進飲食。到應天後，朱元璋問他話，他閉口不答。朱元璋命李善長耐心問話，意在勸其投降，不料反挨了一頓臭罵。朱元璋氣極，下令用亂棍將張士誠打死。至此，張士誠原來控制的大片區域遂盡為朱元璋所有。

在攻滅張士誠之後，朱元璋就開始著手征討浙東的方國珍了。方國珍原來是個鹽商，在海上起事，稱雄浙東二十年。他對元朝時降時叛。他後來看到朱元璋的勢力越來越大，便假意歸附，但並不奉朱元璋所奉的龍鳳正朔，也不聽從朱元璋調遣。朱元璋有時極為生氣，想斷絕與方國珍的關係。劉基勸道，在張士誠未被消滅之前，無力征討方國珍，不如先將他放在那裡，只要不幫著張士誠進攻應天就行。朱元璋深以為是，就說：「到時他再想奉我的正朔也晚了。」果然，在朱元璋與張士誠進行的近二年的拉鋸戰期間，方國珍一直採取坐視的態度。等張士誠被攻滅後，厄運也就接著降到了他的頭上。

按照劉基的建議，在分兵攻打台州和寧波的同時，另派一支水軍從海路進攻，與進攻寧波的一軍相會後，以切斷方國珍逃入海中的退路。

當時，方國珍一面每年向朱元璋進獻一些金銀綢緞，一面又為元朝運糧，腳踏兩家船，左右搖擺。當朱元璋的軍隊奪取杭州以後，他才真正驚慌起來，便派人北邊聯絡王保保，南邊聯絡盤踞福建一帶的陳友定，打算結成犄角之勢，以抗擊朱元璋。另外，他還盤算著，萬一兩頭都靠不住，就憑自己的一千餘艘海船，滿載金銀財寶逃入海中，也足夠一輩子享用。但他沒有料到，朱元璋的幾路大軍進軍神速，王保保和陳友定還未來得及採取任何行動，他已連遭敗績，無屯身之地。好歹總算逃到了海上，結果又被朱元璋的水軍擊潰。方國珍走投無路，只好向朱元璋投降。這次對方國珍用兵，前後不過三個多月。

朱元璋雖然沒上過學，但悟性極好。劉基經常向他講一些治國安邦平天下的道理，並以歷史上的經驗說明，凡是要成就一番大事業，一定要軍紀嚴明。朱元璋對此十分讚賞，制定了十分嚴明的紀律。因此，朱元璋的大軍無論到什麼地方，都從未發生過搶劫老百姓的事。據《國初事蹟》一書記載，朱元璋的大軍到某地後，「兵不離伍，市不易肆，開倉以濟貧民」，因而獲得了老百姓的擁護和支持。這是朱元璋的勢力越來越強大的重要原因。

按照劉基的建議，至正二十四年（西元一三六四年）正月，朱元璋即吳王位，設置百官，建中書省，建立了一整套統治機構。這實際上就是明王朝的雛形。四年後，經過東征西討，南征北戰，在大體削平群雄之後，朱元璋正式登基稱帝，建立了明王朝，應天府也隨之改名為南京。

四、開國定制，寬猛相濟

明初的典章制度多出劉基、宋濂之手。朱元璋稱吳王後，劉基獻上了「戊申大統歷」。有一年大旱，劉基請求趕快審結獄中的犯人。朱元璋便命劉基前往，許多冤案被平反，果然大雨如注。於是，劉基在人們的心目中頗有神祕色彩，認為他通曉陰陽，料事如神。朱元璋性情剛猛，動不動就殺人。

當時天下未定，劉基極力勸朱元璋，應依法定人之罪，不可濫殺。於是朱元璋就命劉基立法定制。劉基參酌前代的一些法律，結合當時的實際，制定了一整套律令，從而在治人以罪的時候有了依據。

有一天，朱元璋面有怒色，似想殺人。劉基問他是什麼原因，朱元璋就說到自己夜裡作了一個夢，不吉利，就想借殺人來破解。劉基卻說，這個夢不是不吉之兆，而是吉兆，是得眾之象，應停止用刑，以等待喜報傳來。三天以後，前線果然傳來了勝利的捷報。朱元璋十分高興，就把決囚的事全託付給了劉基，並拜劉基為御史中丞兼太史令。

明初定處州（今浙江麗水）府稅糧，每畝地比宋代加徵稅糧五合，只有劉基的老家青田縣不加徵。很顯然，這是朱元璋對劉基的一種特別的獎勵。朱元璋也為這條特殊的法令感到很得意，所以在朝廷上公開對大臣們說：「讓劉基家鄉的老百姓世世傳為美談吧！」

朱元璋在南京即帝位，但對是否建都南京卻長期猶豫不決。論地理條件和經濟條件，南京都很適宜。只是從軍事的角度看，主要威脅來自北邊的蒙元殘餘勢力，而南京距前線太遠，不宜調度。另外，歷史上在南京建都的六朝都是短命王朝，這無疑也給朱元璋投下了不吉利的陰影。於是，洪武元年（西元一三六八年）三月，朱元璋親自赴汴梁（今河南開封）考察。他覺得汴梁地處中原，位置適中，遂決定在此建都。但他又感到這裡無險可守，又決心把南京也作為都城，實行古已有之的兩京制。在他赴汴梁考察期間，特命劉基和左丞相李善長居守，協力處理朝中大事。在劉基看來，元朝之所以滅亡，就是因「寬縱失天下」。因此，新朝剛立，應整頓紀綱，嚴明法紀。於是，他命御史對那些有違法行為的官員隨時彈劾，不必隱晦。即使經常在皇帝身邊的宦官，只要有過錯，也馬上稟告皇太子後置之法。朱元璋外出，南京由皇太子監國，但對朝政大事的處理基本上都由劉基和李善長決定。由於劉基用法嚴厲，所以朝中大小臣僚對劉基都頗為敬畏。

在此期間，中書省都事李彬因受人賄賂被劾。李彬是左丞相李善長的部下，且平時二人的關係十分親密。明代尚左，左丞相是中書省最高官員，其地位在劉基之上。李善長請緩一緩再對李彬治罪，但劉基堅執不許，並立即派人將李彬的罪過報告朱元璋。朱元璋同意劉基對李彬的定罪。當時正趕上天氣大旱，劉基在祈雨時將李彬斬於祭壇下。為了這件事，劉基與李善長之間便產生了隔閡。等到朱元璋從汴梁回來後，不少人在朱元璋面前攻擊劉基。尤其令朱元璋生氣的是，劉基居然在祭壇下殺人，認為是大不敬，為此對劉基責備一通。劉基深知朱元璋的為人，動不動就殺人，自己受到許多人的攻擊，又受到朱元璋的斥責，說不定哪一天自己就會人頭落地，因而就思及早退隱。不久，他的妻子死去，劉基遂告假回鄉。

這時，朱元璋除實行兩京制之外，又在鳳陽大興土木，要把他的老家建成「中都」。劉基在離京前特上了一道奏疏，謂「鳳陽雖帝鄉，非建都地」，意思是不必在鳳陽大興土木，那裡不適於作為京師。後來，朱元璋總算接受了劉基的建議，停止了在鳳陽的大規模營建。

劉基本來想遠離政治漩渦中心，在家鄉優遊晚年。但是，在劉基回鄉後，朝廷中連連出事，北邊的蒙元殘餘勢力不斷內犯，給新建立的明王朝造成很大的威脅。朱元璋對身邊的其他謀士也不滿意，於是就又想到了劉基。朱元璋遂親自寫了一封手書，召劉基赴京。在明初，如果叫某人出來做官，這人卻不出來，也會被殺頭。貴溪儒士夏伯啟叔侄二人為了不當官，故意截去兩個手指。此事被朱元璋知道後，立命將二人處死。他為此還制定了一條法律：「士不為君用者，誅。」那麼，劉基如果堅辭不出，也會大禍臨頭。無可奈何，劉基只得入京。朱元璋見到劉基後十分高興，對他「賜賚甚厚」，並追贈劉基的祖父、父親都為永嘉郡公。對劉基本人，朱元璋數次要為他提高爵位，但劉基皆堅辭不受。許多人以官職越高越感到榮耀，劉基則不然，他認為在那種時候官職越高越危險。後來的實踐證明，那些貪圖祿位的人大都被朱元璋一批又一批地殺掉。在這一點上，劉基表現出了超人的高明。

有一次，朱元璋因為某一件事訓斥李善長，想對他嚴加治罪。劉基卻勸道：「李善長是勳舊老臣，能協調各個將領之間的關係。不可因小過而廢大才。」朱元璋感到很吃驚，便對劉基說：「李善長多次說你的壞話，想加害於你，你怎麼還為他解脫呢？我準備罷免他，由你繼為丞相。」劉基趕快叩頭說道：「這就像換樑柱一樣，必須要用大木。如果要用細木去當樑柱，大廈馬上就會傾倒。」這件事後來傳到李善長耳中，令李善長對劉基十分感激，二人的關係也重歸於好。這件事也為劉基贏得了許多好名聲，認為劉基能顧全大局，不計個人私怨，寬宏大度。

後來，朱元璋罷免了李善長的丞相之職，打算用楊憲來接替李善長，問劉基是否可行。楊憲平時和劉基的私人關係十分密切，按照人之常情，劉基一定會支持這樣做。另外，有楊憲這麼一個朋友做垂相，劉基的日子也會好過得多。但出人意外的是，劉基不支持這樣做。他對朱元璋說：「楊憲這個人有丞相之才，無丞相之器。當丞相的人應當持心如水，以義理為處理一切事情的準則，自己不應有任何私心，而楊憲卻做不到這一點。」朱元璋聽劉基這麼說，也大感意外。這件事使朱元璋對劉基有了更深一層的認識，更加感到劉基忠心無二，一切都出於公心。朱元璋又問劉基：「讓汪廣洋當丞相如何？」劉基回答說：「此人的偏狹淺薄比楊憲更有過之。」朱元璋又問胡惟庸如何，劉基說：「這就像找一匹駕車的馬，你總不希望牠把車給你掀翻！」朱元璋沉吟了片刻，很誠懇地對劉基說：「給我當丞相，實在沒有人能超過先生。」劉基急忙推辭：「臣嫉惡太甚，易得罪人，尤其是臣喜歡清靜，受不了繁瑣事務的打擾。我要當丞相，一定會辜負皇上的厚愛。天下何患找不到有才之士，望皇上細心去找吧。」後來，果不出劉基所料，這三個人有兩人當了丞相，但都未得善終。楊憲身材高大，相貌出眾，通經史，有辯才，但心胸狹小，凡是不利於自己的人，就千方百計地予以排擠。許多投機鑽營的人以他為靠山。洪武三年，他只當了幾個月的左丞，便被人揭發出許多奸貪之事，被朱元璋下令處死。汪廣洋先後兩次出任右丞相，但只是碌碌守位，遇事不置可否。他和胡惟庸同居相位，明知胡惟庸有許多奸邪之事，但也不予揭發。洪武十二年（西元一三七九年），汪廣洋被貶謫海南，半道上又接到朱元璋訓斥他的敕書，遂自縊而死。第二年，丞相胡惟庸即以謀反被誅。這正如劉基所說的那樣，胡惟庸這匹駕車的馬差點把朱元璋的大車給掀翻。

朱元璋於洪武三年（西元一三七〇年）大封功臣，授劉基為「開國翊運守正文臣、資善大夫、上護軍，封誠意伯」。在明初諸臣中，劉基的爵位算是較高的了。

明朝初年，為了糾正元朝的寬縱，朱元璋以猛治國，許多大臣只是因為些許小過錯即被殺頭。朱元璋還連興大獄，成批成批地誅殺臣僚。劉基認為，治國應寬猛相濟，開國之初應該用嚴刑；經過數年整治，天下已安定，應該改變一下做法了。於是，他便借朱元璋問天象之機，向朱元璋進言道：「從大體上來說，霜雪之後，必有陽春。今國威已立，應該稍示一下寬大了，不宜再用嚴刑。」朱元璋深以為是，遂命令將錦衣衛的刑具全部燒掉。錦衣衛既負責侍衛皇上，又掌管詔獄。許多大臣就是在詔獄中被施以嚴刑而致死的。朱元璋命燒掉錦衣衛的刑具，顯然是昭示天下，從今以後不再用嚴刑來懲治大臣了。儘管朱元璋後來沒有完全做到這一點，但劉基的奏議畢竟對他產生了某些影響，酷刑有所減少。

五、功成身退，苦心自保

劉基親眼看到，開國功臣一個接一個地被殺掉，他深知「功高震主者身危」的道理，特別是朱元璋為人剛愎，自己更應該及早抽身。洪武四年（西元一三七一年），也就是劉基被封為誠意伯的第二年，他便以年老多病為由，請求辭官回鄉。朱元璋看他沒什麼野心，即命其帶爵回鄉養老。

劉基回到青田老家後，隱居山中，只是和幾個朋友下棋飲酒，閉口不談自己的功勞，也不談朝廷中的事。他平時穿著普通人的衣服，即使在集市上，人們也認不出他就是赫赫有名的劉伯溫。青田縣的知縣很想見一見劉基，幾次登門拜訪，皆不得見。於是，這個知縣就打扮成鄉間老農，終於在一條小河邊見到了劉基。當時劉基正坐在河邊洗腳，便叫兒子領知縣到一所茅舍中，用普通農家的飯菜招待這個知縣。飯後，這個知縣才告訴劉基，自己是青田知縣，並表示希望為劉基做點事，態度頗為誠懇。劉基聞知他是知縣後，露出很吃驚的樣子，自稱屬民，婉謝而去。從此以後，知縣再也無法見到劉基。在明初，朱元璋用特務刺事，無論官員在朝還是在野，都逃不掉這些特務的監視。許多大臣就是因為私下不謹慎而受到嚴懲。劉基深明此中利害，擔心言多有失，所以閉口不談政事，也不與地方官來往。儘管劉基如此謹慎，但還是受到了丞相胡惟庸的中傷和陷害。

事情的起因是劉基的一封奏疏。原來，在浙東有一片叫談洋的空閒地，南接福建，歷來是鹽盜的聚集之地。方國珍就是在這個地方起事造反的。因此，劉基便上奏朱元璋，請求在談洋設立巡檢司，以防盜賊在那裡聚眾起事。劉基派長子劉璉進京上奏，但劉璉未先告訴中書省，而是由通政司直接上達朱元璋。當時胡惟庸以左丞掌中書省事，對此十分不滿。再加上劉基過去對他的評價不好，對劉基素有積怨，便借此事對劉基大加攻擊。他對朱元璋說，談洋那地方有王氣，風水好，劉基想以談洋做自己的墓地。當地的老百姓不讓給他，他就想以設巡檢司為名，將當地老百姓趕走，藉以實現他日後讓子孫稱王的目的。劉基素以通曉陰陽著稱，朱元璋雖然沒有因此而治劉基的罪，但內心裡還是有幾分相信，不久便藉故削去劉基的俸祿。劉基得知後，頗為害怕，便親自赴京謝罪。事後留住在京師，不敢再說回鄉的事了。

後來，胡惟庸果然當了丞相，劉基十分憂慮。他私下對友人說：「假如我對胡惟庸的評說不應驗的話，那就是天下老百姓的福氣！」胡惟庸表面上裝出對劉基很尊重的樣子，但暗地裡卻密切地監視著他的一舉一動。胡惟庸清楚劉基的分量，因為在廷臣中能不時與朱元璋密語的沒有幾個人，許多大事也就是那種密語時決定的，外人難得其詳。也正因如此，所以胡惟庸對劉基特別留心提防。劉基也清楚，自己時刻處於危險的境地，故不久就憂慮成疾，一病不起，隨後便一再請求回鄉養老。洪武八年（西元一三七五年）三月，朱元璋派人護送劉基回鄉。他回到青田老家後，病情日益加重，自知將不久於人世，便把兒子劉璟叫到床前說：「為政之道，有時要寬大一些，有時要嚴猛一些，應交替使用。數年來，皇上以嚴猛治國，當今的要務在於修德省刑，實行寬大之政，以收攬民心，使國家長治久安。」劉基還說了一些對政治軍事的建議，最後說：「現今胡惟庸為相，我說出來沒什麼用處。胡惟庸被除掉後，皇上一定會想到我。如果皇上問我死前說了什麼話，你就將我的這些話密奏皇上。」劉基在家待了一個多月就死去了，年六十五歲。

洪武十三年（西元一三八〇年）胡惟庸以謀反伏誅後，朱元璋自然想到了劉基當初對胡惟庸的評價，因而十分懷念劉基，並特地派人到劉基家中探問。劉璟遂將劉基死前的話密奏朱元璋，朱元璋看到後大受感動，也更加佩服劉基的先見之明。這時，劉基的長子劉璉因胡惟庸陷害，已墜井而死。朱元璋便命劉璉的兒子承襲伯爵，食祿五百石。其他大臣的爵位都只能承襲一代，朱元璋念劉基父子皆為胡惟庸所排擠陷害，特許劉基後人代代襲爵，一直延續到明朝滅亡。

據《明史．劉基傳》載，當劉基在京病倒時，胡惟庸特地領一個醫生來為劉基看病。劉基服了這個人的藥後，就一直感到肚子裡有一塊像拳頭般大小的石頭。當胡惟庸被治罪時，有的人就把這件事說成胡惟庸的一條罪狀，說他有意謀害劉基。此事是否確鑿，今已無法詳考，但劉基受胡惟庸的排擠則是毫無疑問的。

劉基是明初著名謀臣，朱元璋一直對他十分器重，平時不直呼其名，而是稱他為「老先生」。朱元璋還經常不無自豪地對別人說：「他是我的張子房（張良）。」因為劉基通曉陰陽術數，所以在後人心目中總蒙有一層神祕色彩。劉基除著有《郁離子》一書外，還著有《覆瓿集》、《梨眉公集》傳於世。後世民間流傳的有關占卜、風水之類的書中，有不少託名為劉伯溫所著。至於這些書到底與劉基有多少關係，今已無法詳考了。

本篇主要資料來源：《明史》卷一百二十八，〈劉基傳〉；《國初事蹟》；《明史紀事本末》卷三，〈太祖平漢〉。

助成祖起兵一隅　定天下常居禪寺

姚廣孝傳

陳翠萍

從歷史上可以看出，凡是成就一番大事業的人，他身邊總有那麼一兩個得力的謀士。齊桓公「九合諸侯，一匡天下」，多得力於管仲；劉邦最終戰勝項羽，建立了漢朝，多得力於張良和蕭何。朱棣本是一個藩王，通過靖難之役終於奪取了皇位，則多得力於大謀士姚廣孝。正是在姚廣孝的輔佐下，使明成祖成了中國歷史上最有作為的皇帝之一。

一、素懷鴻鵠之志

姚廣孝（西元一三三五年～西元一四一八年），長洲（今屬蘇州市）人，名道衍，字斯通。「廣孝」是朱棣稱帝後賜給他的名，後人便習稱他為姚廣孝。他祖上世代為醫，他對此卻不感興趣。當他十四歲時，便出家為僧。他在僧人中年齡雖小，但特別聰明伶俐，經常向一些高士求教，學到許多陰陽術數之學。年齡稍長，他不滿足於在一地為僧，便到處雲遊，從而結識了許多高僧。同時，在雲遊中使他對天下形勢和社會弊病也有了更深入的瞭解。他志向遠大，別人與他一交談就會立即感到他與眾不同。

有一次他遊北固山（今江蘇鎮江市丹徒區），觸景生情，賦詩懷古，詞意慷慨。他的同遊人宗泐和尚看了後說：「這哪裡像出家人說的話呀！」姚廣孝只笑而不答。宗泐從此對姚廣孝的遠大抱負有了瞭解，正是他後來將姚廣孝推薦給了明成祖。

姚廣孝曾遊河南嵩山少林寺，遇到當時著名的相士袁珙。當時姚廣孝並未要袁珙為自己相面，但袁珙一見到他就感到十分驚異，對他反覆端詳，說道：「這是哪裡來的怪異僧人，三角眼，形如病虎，性情一定嗜殺。這是一個劉秉忠之流的人物。」劉秉忠是元代的高僧，極有謀略，年輕時即懷有大志，後輔佐元世祖忽必烈統一了中國，建立了元朝。姚廣孝聽袁洪說自己像劉秉忠，不僅不生氣，反而很高興，因為這與他想有一番作為的心思正暗自相合。

洪武十五年（西元一三八二年）八月，馬皇后病死，被安葬在南京鐘山南麓的孝陵。明成祖當時在北平做燕王，聞訃後急忙趕來南京，以親生兒的身分為馬皇后送葬。馬皇后是中國歷史上一個出名的好皇后，勤儉寬厚，深孚眾望。葬禮過後，燕王等幾個藩王餘哀未盡，為表示孝心，就請他們的父皇派高僧隨他們回藩府，以便回去為馬皇后誦經祈福。明太祖自然很高興，就命僧錄司推薦僧人。僧錄司是管理全國佛事的官署，當時的僧錄司左善世就是僧人宗泐。宗泐便把姚廣孝推薦給了燕王。從此以後，姚廣孝就成了燕王一生事業的得力謀士。

關於燕王和姚廣孝的結識，還流傳著一個有趣的故事。其大意是說，姚廣孝進京後一見到燕王朱棣，就感到他氣度不凡，有帝王之相。燕王也感到姚廣孝非同一般。姚廣孝私下對燕王說：「如果你能讓我跟隨你，我一定奉一頂白帽子給大王戴。」燕王也是個聰明人，對這話的寓意他自然很清楚，「王」字的上邊加個「白」，就成了皇帝的「皇」字。至於當時二人是否敢作這種露骨的表示，今已難詳考，但這兩個胸懷大志的人物志趣相投，話語投機，則是確定無疑的。一個偶然的機會使兩個傑出人物走到了一起，他們共同導演了中國歷史上一幕又一幕波瀾壯闊的活劇。

二、助燕王起兵

姚廣孝到北平後，就在廣壽寺當住持，在那裡為馬皇后祈福。他的心思卻並不在這裡，而是要幫助燕王朱棣成就一番大事業。他經常出入燕王府，形跡甚祕。

洪武三十一年（西元一三九八年）閏五月，明朝的開國皇帝朱元璋死去，皇太孫朱允炆繼位，年號「建文」，故歷史上就稱他為建文帝。姚廣孝認為機會來了，便千方百計地慫恿燕王起兵，以武力從侄兒建文帝手中奪取皇位。

在這裡，有必要簡單交待一下當時的背景。原來，在朱元璋的二十六個兒子當中，燕王朱棣排行第四。朱元璋稱帝後，立長子朱標為太子。但朱標於洪武二十五年（西元一三九二年）就先於父皇死去，這使朱元璋很傷心。從謀略和勇武各方面看，朱元璋對燕王最中意，故一度想立燕王為太子。但是，燕王前邊還有兩個哥哥，即秦王和晉王。他這兩個哥哥都不爭氣，在藩地多有不法，朱元璋甚至一度打算廢掉對他們的藩封，因此就沒有被立為太子的指望了。經過反覆斟酌，朱元璋決定立朱標的兒子朱允炆為皇太孫。朱元璋死後，朱允炆繼位。這位新皇帝看到，他那些叔叔都在外地做藩王，時刻都是對自己皇位的威脅。尤其是北邊的幾個塞王，手中都握有重兵，更令他不安。於是，建文帝就按照齊泰和黃子澄的建議，開始削藩。建文帝首先削了周王，繼而又削了湘王、齊王、桂王和岷王。其中，周王是燕王唯一的一個同母兄弟。本來，削藩的主要目標是燕王，因為他的力量最強、威脅最大。但是，建文帝優柔寡斷，一時又未拿出燕王的確切罪證，所以暫時未動燕王，對燕王只採取了一些防範措施。

對燕王來說，廢削周王和其他四王是個明顯的信號，下一步可能就要輪到自己的頭上了。更何況，自己身邊的部隊被朝廷陸續調離，只剩下少量的護衛，這更是不祥之兆。但是，他還不敢貿然起兵反抗朝廷，因為這在封建時代被認為是大逆不道的篡逆之舉。姚廣孝清楚地看出，燕王正處於猶豫之中，倘繼續猶豫不決，就一定要成為建文帝的階下之囚。於是，他便極力對燕王進行鼓動，促使他下決心馬上起兵。姚廣孝認為，這不僅於燕王生死攸關，而且是自己顯身揚名的大好時機。

據一些史籍記載，姚廣孝當時曾為明成祖占卜。姚廣孝跟人學過陰陽術數之學，懂點占卜的知識。燕王問他用的是什麼卜術，姚廣孝說是「觀音課」。他交給燕王三枚銅錢，讓燕王擲。燕王剛擲出一枚，姚廣孝就一本正經地說：「殿下要做皇帝嗎？」燕王馬上制止他說：「莫胡說。」燕王儘管這麼說，但對這種預示自己要當皇帝的卦象，內心裡卻是十分高興。

姚廣孝是燕王的密友，他對燕王想做皇帝的心思是很清楚的。有一次，燕王寫了個上聯：「天寒地凍，水無一點不成冰。」姚廣孝接著對了個下聯：「世亂民貧，王不出頭誰做主。」從姚廣孝對的這個下聯來看，慫恿燕王起兵的意思就很明顯了。但姚廣孝發現，燕王對起兵一事還是未下定決心。

當時，姚廣孝的朋友袁珙也在北平。袁珙是明初的一個奇人，善相術，據說曾相士大夫百餘人，「無不奇中」。姚廣孝先在燕王面前將袁珙的相術渲染了一番，燕王便決定讓袁珙為自己相一次。燕王故意穿上衛士的服裝，和其他九個衛士一起在酒館飲酒。袁珙走進來一看，便馬上跪在燕王面前說：「殿下怎麼這樣不自愛呢？」那九個衛士故意笑話他，說他胡說。燕王也裝作不以為然。但袁珙就是認準了燕王，出口就稱殿下。燕王怕他說出有妨礙的話，便急忙帶他回宮。袁珙在宮裡又仔細對燕王相了一番，說燕王「龍行虎步」，有天子之相，到四十歲的時候，鬍鬚過了肚臍，就要登皇位了。燕王聽了自然十分高興，但害怕這話洩露出去，傳入朝廷對自己不利，便把袁珙打發了回去。姚廣孝自然也很高興，出來後拍著袁珙的肩膀說，事成後定有厚報。後來，當燕王即位後，馬上將袁珙召來京師，授官太常寺丞，即是對他的回報。

姚廣孝見燕王仍遲疑不決，便又把他另一個朋友金忠召來。金忠精通《易經》，善於卜筮。他在北平以占卜為生，多奇中，北平城裡的人都稱他為神人。姚廣孝極力在燕王跟前稱讚金忠的卜術。燕王心裡也在盤算著起兵的事，就以生病為名，召金忠前來占卜。結果，燕王得了一個「鑄印乘軒」的卦。金忠藉以發揮道：「此象貴不可言。」實際上就是說，燕王有天子之象。經姚廣孝等人的一再慫恿和勸說，再加上風聲越來越緊，燕王便決定馬上準備起兵。從此以後，金忠經常出入燕王府，成了燕王的心腹。

古人大都有迷信心理，即使一些大人物也難以擺脫。卜筮是一種文化現象，也是一種歷史現象。它是歷史的產物，也翻轉過來影響過歷史。特別是對處於歷史關鍵位置上的人物來說，占卜往往能產生很大的作用，有時這種作用甚至是決定性的。像公開起兵反抗朝廷這種事，不要說不一定會成功，即使成功了，也會遭到當時人和後世人的唾罵，所以燕王曾一度猶豫不決。姚廣孝利用了燕王的迷信心理，通過術士占卜幫他下定了決心。

按照姚廣孝的建議，燕王挑選了一些身手不凡的壯士做貼身護衛，並以勾逃軍為名，在全國各地招納了一些異人術士來協助自己。這些人猶如春秋戰國時的策士，可以發揮一般人發揮不到的作用。

要起事就要練兵，而這時建文帝派了許多人對燕王進行嚴密監視，他的一舉一動隨時都會有人報告朝廷。為了保密，姚廣孝就在後苑操練將士，趕造軍器。為了迷惑外人，姚廣孝便建議燕王建一個大地下室。燕王府是元朝舊宮所在地，院落廣大深邃，也就是今天的故宮。燕王便命姚廣孝督辦此事。於是，姚廣孝就在後苑修了一個大地下室，上面再建上房屋，周圍繞以又高又厚的牆垣，牆根下再埋上大大小小的甕缸。為了儘可能地保險，還在後苑養了大群的鵝鴨，用鵝鴨的叫聲來遮掩操練和打造軍器的聲音。

真是沒有不透風的牆，無論燕王府的圍牆多麼高大，也無論姚廣孝採取的保密措施多麼周到，府內的動靜還是露出了蛛絲馬跡。建文帝從不同的渠道得知，燕王正準備起兵謀反。於是，建文帝便下令逮治燕王。

北平都指揮僉事張信將建文帝的密令又密告了燕王。這時燕王終於下定了決心，必須馬上舉事。燕王立即把姚廣孝召來，密商舉兵的事。這時突然來了一陣暴風雨，屋簷上的瓦落下數塊。燕王以為這是不祥之兆，心裡很煩躁，臉上一片愁容，大有就此罷手之意。在燕王看來，自己是建文帝最年長的叔父，又沒有明顯的過失，即使削去藩王王號，也不失一生富貴。姚廣孝看出了燕王猶豫的心理，就解釋說，這是吉祥之兆。燕王聽了申斥道：「你這個妄和尚，哪來的吉兆呢？」姚廣孝卻不慌不忙地說：「殿下沒聽說過嗎，『飛龍在天，從以風雨』。屋瓦墮地，這是上天示意，要殿下換住黃屋了。」這是說燕王是真龍天子，一說舉兵起事，上天馬上就以風雨相從。舊瓦墮地，換住黃屋，也就是說很快要當皇帝了。燕王聽了姚廣孝這一番解釋，頓時轉憂為喜，也不再猶豫了。

作為一個好的謀士，不僅要幫主帥出謀劃策，而且要能夠隨時隨地幫助主帥樹立信心。古人迷信心理重，本來是一件平常小事，他們就會誤以為是吉兆或是凶兆。同樣一件事，有的人可以解釋為吉，有的人也可以解釋為凶。看來，姚廣孝是個很稱職的謀士，通常被認為是凶的徵兆，經他一解釋，卻變成了吉兆，而且說得有根有據。在那緊急關頭，姚廣孝成功地幫燕王樹立了信心，於是三年之久的「靖難之役」就拉開了序幕。

三、輔世子留守，助燕王征討

建文元年（西元一三九九年）七月五日，燕王正式起兵，公開反抗朝廷。他首先智擒了駐守北平的張昺和謝貴，奪占九門，接著便在北平誓師，以誅齊泰、黃子澄為名，稱自己的軍隊為「靖難」之師。在姚廣孝的籌劃下，除掉了建文年號，將建文元年改稱為洪武三十二年。燕王自署官屬，任命了一批文武官員，實際上就是建立了一個以自己為首的割據政權。燕王除掉建文年號，但未使用自己的年號，而是仍使用洪武年號，這顯然是出於一種策略考慮。因為朱元璋是明朝的開國皇帝，使用洪武年號容易為廣大百姓所接受，也可以顯示出自己與朱元璋的特殊關係和特殊感情。

為了使出師有名，又不背上叛逆的惡名，姚廣孝為燕王精心地炮製了一篇檄文。在古代，臣下如舉兵公然反抗朝廷，被認為是大逆不道的叛逆行為，會遭到朝野的齊聲聲討。為此，姚廣孝把舉兵的目的說成是「清君側」，即要除掉奸臣齊泰、黃子澄，而不說是針對建文帝的。檄文中只是說，建文帝受了齊、黃的矇騙，離間皇室骨肉，竟接連廢削了五個藩王，這不會是建文帝的真心，「實奸臣所為也」。燕王自己一直「奉法循公」，完全是無辜的。這些奸臣就像伐大樹先剪枝葉一樣，最後要危害朝廷。自己為了大明江山，不敢不討。

明眼人都很清楚，燕王的目的絕不僅僅在於除掉齊、黃，而是要最終奪取皇位。但是，當燕王在誓師時把這番話說給將士聽，慷慨陳辭，自己完全無辜，不得已才起兵，居然使將士頗受感動，至有「感動流涕」者。這一來，將士們不僅不認為自己是叛逆之師，反而是正義之師。

燕王率兵在外東征西討，姚廣孝則輔佐世子在北平留守。所謂「世子」，即燕王的長子朱高熾，也就是後來的仁宗。皇帝的繼承人被稱為太子，藩王的繼承人則稱為世子。當時的兵力不多，且主要用於在外攻城略地，守城的兵力就更單薄了，且大都是老弱病殘。儘管如此，姚廣孝安撫士卒，激勵部下，為燕王建立了一個鞏固的後方。在燕王率大軍在外作戰的時候，建文帝派來討伐的大軍幾次攻打北平，北平皆安然無恙。其中，最激烈、最危險的一次是打破李景隆的圍攻。

當燕王粉碎耿炳文的第一次北伐後，即率主力遠出，奪取北邊的大寧等軍事要地。這時，建文帝命令李景隆為大將，率領五十萬大軍北伐。李景隆得知燕王遠征大寧，便率師直撲北平。北平南邊的一些城市，像涿州、雄縣等地，雖曾被燕軍占有，但燕王為了不分散兵力，所以並未在那裡派兵駐防。因此，李景隆幾乎沒遇到什麼抵抗就直達北平城下。當他來到盧溝橋時，見這裡也沒有設防，他更加得意洋洋，用馬鞭指指畫畫地說：「不守盧溝橋，我就知道燕王沒什麼能為了！」遂督眾直逼北平城下。

李景隆的數十萬大軍屯集北平周圍，猛攻九門。這時雙方力量的對比是極其懸殊的。姚廣孝輔世子留守，不僅兵力少，而且多老弱。史書上說，他們「奉命居守，時將士精銳者皆從征。城中所餘老弱不及十一」。以這些「不及十一」的老弱士兵來抵禦雷霆萬鈞之勢的南軍，形勢之危急是顯而易見的。當此危急關頭，姚廣孝卻顯得鎮定自若。他勸世子，守城的關鍵在於得人，鼓勵有識之士獻計獻策，另外要激勵部下，使上下齊心協力，盡心防守。世子朱高熾深以為是，便經常到居民中訪寒問暖，深得民心。如訪得兵民中的有識之士，便推誠相待，虛心聽取他們對守城的建議。他每天天不亮就起床，到半夜時才歇息，除了隨時徵求姚廣孝的意見外，每有大的舉措還要稟告仁孝皇后。仁孝皇后是明初大將徐達的長女，燕王妃，燕王即位後就立她為皇后。這位仁孝皇后不愧是將門之女，對如何防禦、如何激勵部下，「悉得其宜」。在朱高熾和姚廣孝的感召下，許多城內的老百姓自動上城助守。姚廣孝除了隨時出謀劃策外，還督領工匠趕造兵器，以加強守備。

李景隆以為燕王在外，北平可一舉攻下，未料到竟會遇到如此頑強的抵抗。李景隆親自督眾猛攻，形勢十分危急。燕王在離去時曾囑咐朱高熾和姚廣孝，要他們全力據城固守，「勿出戰」。在敵強我弱的情況下，這自然不失為可行的基本原則。但姚廣孝不為這種原則所拘泥。他勸朱高熾，挑一些身強力壯的勇士，半夜裡抓著繩索順著城牆下去，對敵營進行偷襲。他們在這裡殺一陣，在那裡放一把火，攪得敵人不得安寧，白天打起仗來也沒精打采。因夜裡難以分清敵我，有時引得敵軍在半夜裡相互廝殺起來，直到天亮後才知道是自家人。這種偷襲十分有效，使南軍在夜裡得不到休息，城又久攻不下，李景隆便命大軍退十里安營。

李景隆經過一番休整，便又督眾來攻，想一鼓作氣將北平攻下。在這種情況下，九門都險象叢生。尤其是彰義門，幾乎被南軍攻破。姚廣孝協助朱高熾奮力死守，下至婦女、小孩也輪番登城禦敵。因此，雖險象不斷，但都化險為夷。姚廣孝這時發現，南軍準備了一些雲梯，看來是要強行登城。當時正值寒冬，滴水成冰，姚廣孝便命將士連夜提水上城，將水澆到城牆上。於是，在城牆上凝成了滑滑的冰，致使南軍強行登城的計畫又落了空。至此，兩軍便處於時打時停的膠著狀態。

當燕王奪占大寧後，挾寧王向北平進發。然後對李景隆裡外夾攻，南軍大敗。燕王進入北平，對姚廣孝和朱高熾守城之功備加讚賞。

燕王並未在城中久留，而是趁南軍新敗，便率軍乘勝追擊。這時後方已基本穩定，燕王可以放心地南下追擊了。燕軍這次向南追擊連連獲勝，李景隆則一敗再敗，連北方的基地德州也被燕軍攻占。李景隆倉皇南逃，到濟南依靠鐵鉉。這時，河北、山東的許多城池已為燕軍所有。面對如此神速地順利進軍，燕王自然是喜上眉梢。但是他萬萬沒有想到，在濟南他卻連連受挫。

鐵鉉是山東參政，為人廉潔強直。李景隆北伐，他督運糧草，從未誤過事。他看到南軍連連失敗，十分痛心，曾和參軍高巍對酒抒懷，激昂慷慨，並一起對天盟誓，誓死報效朝廷。面對銳不可當的燕軍，他們和盛庸等一起誓以死守。他們收撫南逃的敗兵，激勵部下，又動員濟南城中的青壯年協同防守，使濟南的防務很快得到整飭。

燕王督眾對濟南接連猛攻，志在必得。因為濟南是北平通往南京的要衝，倘能奪占濟南，即使攻不下南京，也可以大體統治江北的半壁河山。正因如此，燕王攻占濟南的心情就特別急切。更何況自舉兵以來，燕軍幾乎是攻無不克，戰無不勝，難道就能兵敗濟南城下？因此，燕王親自督眾猛攻。鐵鉉善撫士卒，士氣頗為高漲，使燕軍連連受挫。燕王十分氣惱，便趕製了一些雲梯，準備強行登城。鐵鉉便用計焚燒了燕軍的攻城器具。他同時又派出小股奇兵偷襲燕軍，弄得燕軍不得安寧。燕王制定的其他攻城計畫也一個接一個地落空。

燕王率軍攻打濟南一連三個月，始終未能攻下。但他並不死心，還是千方百計地要把濟南攻下來。想當初在真定與耿炳文大戰時，圍攻兩天不下即班師而回，這次攻濟南三個多月，卻一直攻打不停，其原因就在於濟南的戰略地位重要。能否拿下濟南，是能否乘勝直撲南京的關鍵。從五月到八月，夏去秋來，濟南卻久攻不下。燕王雖十分憤恨，卻無計可施。姚廣孝雖在北平留守，但時刻都在關注著前線的形勢。他看到，這樣長期在濟南對峙於燕軍不利。燕軍兵馬少，利於速戰，如主力長時間屯於堅城之下，說不定會出現什麼變故，甚至連後方都會不保。實際上，當時大將平安正率領一支南軍向北平迂迴，準備伺機攻打北平。於是，姚廣孝便修書一封，對燕王說：「師老矣，請班師。」燕王也擔心平安會切斷自己的後路，於是就順水推舟，決定撤圍北還。

四、直取南京

燕王從濟南撤圍後，在東昌（今山東聊城）又被盛庸擊敗，遂退回北平。燕軍在山東接連受挫，士氣大為低落。尤其令燕王傷心的是，他手下的第一員大將張玉在東昌戰死，他認為這是最大的損失。燕王回北平後，「意欲稍休」，實際上是銳氣大挫，對擊敗南軍的信心產生了動搖。姚廣孝看出了燕王的心理，就極力對他進行鼓勵，謂勝敗乃兵家常事，更何況自舉兵以來，勝的多，敗的少，正表明軍心可用。南軍雖在山東打了兩次勝仗，但總的看來損失慘重。燕軍兵力少，控制的地盤小，守是沒有出路的，只能振作精神，馬上出去，對南軍保持攻勢。這時，由於建文帝控制宦官較為嚴厲，不少宦官紛紛來到北平，投歸燕王。從他們口中得知，南軍大都調往前線作戰，南京防守空虛。姚廣孝於是建議，燕軍應直取南京，然後以南京號令天下。南京當時是京師，攻下南京大體就意味著戰爭的勝利。同時，燕軍自奪占大寧後，收編了朵顏三衛，這是一支剽悍的蒙古騎兵，戰鬥力甚強，經常為燕軍衝鋒陷陣。因此，姚廣孝便向燕王建議，燕軍應揚野戰之長，避攻堅之短，不必與南軍爭奪一城一地，而應疾速南下，力爭趁京師空虛，盡快拿下南京。經過姚廣孝的一番分析，燕王深以為是，精神大振，決定馬上出師南下。當然，這次南下不再經過濟南，而是從西邊繞道進攻京師。

從當時的情況來看，這個策略無疑是非常正確的。燕王起兵已近三年，雖然攻下了許多城池，但大都旋得旋失，沒有那麼多兵力分兵駐守。因此，儘管燕王打了不少勝仗，但實際控制的地盤仍只是北平一帶，連河北的大部分城市和地區也仍處在建文帝的控制之下。長期打消耗戰，對燕王顯然不利。另外，對燕王與建文帝爭奪皇位的這場戰爭，絕大多數人都在觀望，其中的是非曲直他們並不關心。他們只關心誰登基當皇帝，誰當了皇帝就服從誰。千百年來，中國人形成了一種觀念，似乎皇帝就是國家的代表，忠於國家就要忠於皇帝。當時南京是京師，燕王只要能奪取了京師，他就可以以皇帝的身分號令天下。到那時，各地就會傳檄而定。在這一點上，姚廣孝和燕王取得了共識。於是，燕王自己率師南下，由姚廣孝輔世子繼續在北平留守。

正當燕軍輾轉南下的時候，建文帝的謀士方孝孺心生一計，想離間燕王父子之間的關係。方孝孺的門人林嘉猷曾在北平燕邸供事，知道燕王世子與次子朱高煦不和，而宦官黃儼又黨附朱高煦。世子在北平留守，朱高煦隨燕王在外征戰。方孝孺代建文帝擬書信一封，派人赴北平送給世子朱高熾。書信中勸世子背燕歸屬朝廷，許以燕王之位。方孝孺的用意在於使燕王父子之間生疑，迫使燕王停止南下而返回北平。當這封書信剛送到北平時，宦官黃儼就派人馳報燕王，說世子已和朝廷密謀，很快要謀反歸順朝廷。但此事被姚廣孝識破，認為建文帝有事相商的話，也只能致信燕王，不應當致信世子。這種反常的做法定是反間計。因此，他建議世子「不啟封」，派人將書信和送信的人一起送至燕王軍前，聽燕王發落，其反間計就會不攻自破。當時燕王果然生了疑心，就問高煦。

高煦說世子與建文帝歷來就很親善，從而使燕王的疑心更重。正在燕王猶豫之時，世子派的使者來到，將書信和送信的人一併交給燕王。燕王看到書信後，疑慮頓消，為自己差一點誤殺世子而感嘆不已。

燕軍長驅南下，接連打了幾個大勝仗，很快進入安徽境內。但是，燕軍卻在齊眉山（今安徽靈璧西南）遭到了慘敗。對燕軍來說，當時的形勢十分嚴峻。那時已是四月底五月初，南方已進入盛夏，陰雨連綿，天氣濕熱。燕軍多是北方人，不習慣這種氣候，軍中疾病流行。因此，許多將士紛紛勸燕王回軍。在那關鍵時刻，弄不好燕軍就會土崩瓦解。當時力主繼續南下的將領只有朱能和鄭亨二人。燕王為此十分發愁，以致一連好幾天沒有解衣甲。正在這節骨眼上，姚廣孝致燕王書信一封。其大意是說，用兵不可能常勝，絕不可因小挫而喪志。項羽曾百戰百勝，最後卻失敗了；劉邦屢敗，但最後卻勝利了，並建立了漢王朝。更何況自舉兵以來，勝多敗少，這次小敗何足掛齒！正應整兵速進，絕不可後撤。燕王深以為是，遂打消了疑慮，激勵部下，整軍繼續南下。

燕軍連戰皆捷，終於突破長江天險，進入南京。當時宮中火起，建文帝「不知所終」。於是，三年之久的靖難之役以燕王的勝利而告終。燕王登基做了皇帝，他就是歷史上著名的明成祖。正如姚廣孝所料，各地果然傳檄而定。正是在明成祖在位的二十二年間，明朝的國力達到鼎盛。

五、常居禪寺，廣施恩德

明成祖登基後，自然要論功行賞，大封功臣。姚廣孝雖未親臨戰陣，卻是靖難之役的第一功臣。明成祖的身邊原來大都是武人，出謀劃策主要就是依靠姚廣孝。促使明成祖下決心起兵的是他，燕王統兵在外作戰，也由他輔佐世子在北平留守，不僅使明成祖免去了後顧之憂，而且使燕軍得到源源不斷的補給。在幾次轉折的關鍵時刻，姚廣孝幫助明成祖堅定了信心，決策得當，終於以少勝多、以弱勝強，使明成祖奪取了天下。這正如《明史．姚廣孝傳》中所說，靖難三年，「或旋或否，戰守機事皆決於道衍。論功以為天下第一。」明成祖自然要對他大加封賞了。但是，姚廣孝卻辭而不受，只接受一個僧錄司左善世的僧官。姚廣孝本來是個僧人，對人世間祿位看得很淡。他不僅不要其他正式的官號，而且也不住在官府，平時仍住在禪寺。明成祖要他蓄髮還俗，他堅執不肯。明成祖賜給他豪華的宅第，他也推辭不受。明成祖從宮中挑出兩個特別漂亮的宮女送給他，姚廣孝竟一個多月未接近她們，也不與她們說話，也不說要她們走。明成祖無奈，只好將這兩個宮女召回。

姚廣孝上朝時著朝服冠帶，退朝後仍穿僧人緇衣。明成祖賞給他的金銀財寶無數，但他對這些東西看得很輕，大都拿來散發給「宗族鄉人」。當蘇州一帶發大水時，他回鄉賑災，除散發朝廷的錢糧外，他還把自己的積蓄都拿來救濟災民。當時，由於他輔佐明成祖反抗朝廷，被正統的士大夫視之為篡逆，故不少人鄙視姚廣孝。有一次他去登門拜訪舊日的好友王賓，王賓竟閉關不見。這使姚廣孝感到很傷心。他去看望自己的同母姐姐，他的姐姐居然也不讓他進門。他信奉佛教，對儒家學說多有非議。而儒家學說是中國封建社會的正統，影響大，且是士人藉以求取功名的本錢，故士大夫大都是儒家學說的信徒。姚廣孝曾著《道餘錄》一書，書中所議多與儒家不和，這自然遭到儒家士大夫的反對。姚廣孝雖在見解上與儒家不和，卻無意與儒家士大夫作對，甚至對儒家某些士人的氣節頗為讚賞。例如當明成祖長驅南下時，他跪在明成祖跟前密託：「方孝孺素有學行，城破之日，他必不肯降，請不要殺他，殺了方孝孺，天下讀書的種子就絕了。」方孝孺是當時最負盛名的大儒，門生遍天下。後來，由於方孝孺堅不肯降，並當廷又哭又罵，對明成祖當廷侮辱，被明成祖立命處死。過去，中國歷史上有「誅九族」的刑罰，從來沒有「誅十族」之刑。只是因方孝孺一案，中國歷史上才有了「誅十族」之說，即在往日的九族之外，又加上方孝孺的學生一族。方孝孺一案表現了明成祖令人髮指的殘忍，但是，當人們知道姚廣孝向明成祖的請託後，儒家士人對他的鄙視稍有減輕。

明成祖即位後，永樂元年即命文臣編纂《永樂大典》，由解縉總其事。第二年編成，明成祖不滿意，就改命姚廣孝總其事。在中國歷史上，這是一次少有的收集保存古典文獻的大規模文化工程，前後有大約三千文人參與其事，故史稱「三千文士修大典」。姚廣孝雖不信奉儒家學說，但在

《永樂大典》中仍以儒家文獻為主。這為姚廣孝贏得了不少好的聲譽。

在建文帝在位期間，曾對明太祖朱元璋所制定的制度多有更正。明成祖為了表明自己遵守祖制，表明自己是明太祖的正統繼承人，凡是建文帝所實行的新法，幾乎全部改行洪武舊制。這樣一來，有些事情就從一個極端走向了另一個極端。大臣們懾於明成祖的威嚴，明知有些事情不必再改，但也不敢勸阻。在舊臣中只有蹇義對這種做法有所勸阻，實際上真正發揮了作用的還是姚廣孝，認為用法貴在適時，不必因為建文時實行過就一定要改。明成祖深以為是，遂下令停止了許多不必要的紛更。

明成祖即位之初，曾對建文舊臣進行血腥的屠戮，像「瓜蔓抄」、「誅十族」之類，已成為歷史名詞，成了明成祖殘暴的象徵。姚廣孝對明成祖的這種做法也有所匡救。姚廣孝密勸明成祖，建文舊臣只要表示願歸順的，都可繼續任用。他們能效忠建文帝，也能效忠新朝。更何況，建文帝只在位四年，絕大部分臣僚都是明太祖選拔的，明成祖繼承的是明太祖的基業，他們完全可以為新朝效力。奪天下才是第一步，更主要的是治理天下。殺人太多，就會失掉民心，甚至會留下隱患，不利於今後治理天下。這使明成祖恍然大悟，立即停止了對建文舊臣的誅殺。為了安撫建文舊臣，明成祖將建文時的奏章都拿出來，凡是關於民生之類的都留下，其餘凡有所干犯的都統統燒掉，從而解除了建文舊臣的後顧之憂。明成祖還在朝廷上問解縉等人：「你們大概也有一些有干犯的章奏吧？」還沒等解縉回答，修撰李貫就搶先答道：「我就沒有。」明成祖遂正色說道：「你以為沒有這樣的奏章就是賢臣嗎？食其祿，就應任其事。當國危之際，近侍獨無一言，那能算忠臣嗎？我不是厭惡那些忠於建文的人，只是厭惡那些誘導建文帝變壞祖宗法規的人。以前你們是他的臣，就應該忠於他；今天事我，就應該忠於我，不必曲自隱蔽。」明成祖這一招就顯得很高明，使建文舊臣基本上解除了顧慮。明成祖還有意表現出對舊臣的推誠任用，使建文舊臣敢於大膽任事。例如明成祖建立內閣後，解縉等內閣七學士都是建文舊臣，都成了明成祖的心腹。像著名的「三楊」（楊士奇、楊榮、楊溥）、「蹇夏」（蹇義、夏原吉），都是建文舊臣，都受到了明成祖的重用，後來都成了治國名臣。

姚廣孝還向明成祖建議，不能只是封賞有功的將領，也不能忘了那些有功的普通百姓。於是，明成祖便對那些在靖難之役中有功的百姓也進行了賞賜。像北平、保定、通州等地協助燕軍守城的婦女，有的運磚、運石，有的運水澆城，在抵禦南軍中都有功勞，因此而分級受到賞賜。例如保定當時參加運磚石的婦女，每人賞鈔一百貫、絹一匹、棉花三斤。賞賜雖不算很豐厚，但這些老百姓都很高興，紛紛傳頌新天子的恩德。

明成祖在渡江攻取南京時，舟工是周小二。明成祖也沒有忘掉這個為自己操舟的人，不僅賞給他一些錢物，而且還下詔免其徭役三年。他覺得周小二為人頗為精幹，還授給他一個巡檢的小官職。此舉為明成祖贏得了很好的聲譽，覺得他頗有人情味，不忘舊恩。這對那些大批的新官員來說，也是一種激勵，鼓勵他們盡心為新朝效力。

當時，南京雖然是京師，但明成祖經常住在北平，將北平稱行在，而留太子在南京監國。永樂十八年（西元一四二〇年），北平的新宮殿建成，明成祖遂正式決定遷都北京，即原來的北平，而將南京作為陪都。姚廣孝不貪圖祿位，平時以明成祖的賓友自居，別人不敢向明成祖說的話，他三言兩語就解決了問題。姚廣孝平時住在北平的慶壽寺，明成祖有閒時也到寺中來和他閒聊。永樂十六年（西元一四一八年），姚廣孝已八十四歲，身體又多病，就不能再上朝覲見了。於是，明成祖便經常到寺中來探視他。明成祖看他經常吐痰，就賜給他一個純金的唾壺，猶如今天的痰盂。明成祖看姚廣孝不久於人世了，就問他還有什麼想說的話。姚廣孝只是說：「僧人溥洽已繫在獄中多年了，願皇上放了他。」溥洽是建文帝的主錄僧。當明成祖進入南京時，只是看到宮中火起，但並未見到建文帝的屍體。社會上流行著一種傳言，說建文帝冒充僧人逃出去了，就是溥洽幫他逃出去的。有的人還甚至說，就是溥洽將建文帝藏了起來。於是，明成祖就藉故將溥洽繫入獄中，一關就是十多年。對此敏感人物，沒有人敢為他說情。這時，明成祖按照姚廣孝的請求，立命將溥洽放出。姚廣孝支撐著病弱的身體，勉強下床來向明成祖叩拜。於是人們傳言，姚廣孝臨死還做了一件善事。

姚廣孝在溥洽釋放不久即死去。明成祖十分傷心，命禮部和僧錄司為他隆重治喪，以僧禮葬，並停止視朝兩天。明成祖還頒旨，追贈姚廣孝為「推誠輔國協謀宣力文臣，特進榮祿大夫，上柱國，榮國公」，並賜葬於房山縣東北，謚號為「恭靖」。明成祖還親自為姚廣孝神道碑撰寫了碑文，以志其功，同時也表達了自己對姚廣孝的哀思。姚廣孝有一養子，明成祖特授他為尚寶少卿。

姚廣孝不僅以自己的謀略幫明成祖登上了皇位，而且輔佐明成祖治理國家，使明朝的國力在永樂年間達於鼎盛。姚廣孝主持編纂了《永樂大典》，使這部書成為中國歷史上最大的一部類書，保存了大量的古典文獻，他個人也有著作傳世。作為一個僧人，姚廣孝能成就如此的功業，在歷史上是極為罕見的。

本篇主要資料來源：《明史》卷一百五十四，〈姚廣孝傳〉；《明史》卷五、卷六、卷七，〈明成祖本紀〉；《明史紀事本末》卷十六，〈燕王起兵〉。

輔明初五帝　致天下太平

楊士奇傳

孫宇／孫向群

人們所熟知的歷代大謀士，絕大部分都活動在改朝換代之時，在亂世中顯示出其出眾的謀略，在太平年代卻很少見有大謀士出現。實際上，一些謀略家的智謀對治理好國家有著極為重要的作用，他們對國家、對民族的貢獻一點也不亞於亂世中的謀士。從某種意義上來說，這些謀士的作用更應該受到肯定。在這種類型的謀士當中，明初的楊士奇可算是一個佼佼者。

楊士奇（西元一三六五年～西元一四四四年），名楊寓，士奇是他的字，在當時及後世都以他的字為人所熟知，祖籍江西泰和。稍有點歷史知識的人大都知道，「三楊」是明初的名臣，其為首者即楊士奇。明初文學有所謂「台閣派」，統治文壇達百餘年，其領袖人物之一即楊士奇。楊士奇歷輔建文帝、明成祖、明仁宗、明宣宗、明英宗五帝，長居內閣，使明朝的國力在此期間達到鼎盛。像漢代的「文景之治」、唐代的「貞觀之治」那樣，這期間的明王朝也出現了「永宣之治」。

這段強盛太平的歷史幾乎完全與楊士奇的活動相伴始終。楊士奇死後只過了五年，就發生了「土木之變」，明王朝隨之由盛轉衰。

一、艱苦謀生，才能初露

在楊士奇還很小的時候，父親即因病死去。寡母孤兒，相依為命，不僅生活十分艱苦，而且還常常無辜受人的欺凌。實在無奈，母親便改嫁到一個姓羅的人家，楊士奇也就改姓了羅。在封建社會，像楊士奇這樣身分的人是很低賤的，經常會聽到不堪入耳、受人侮辱的話。楊士奇實在忍受不了這樣的侮辱，就又回到了楊家，恢復了原姓氏。家中的生活自然貧困得很，但也正是這種貧困的生活磨練了楊士奇，使他比一般孩子更早地體會到人情冷暖、世態炎涼。楊士奇下決心改變自己的處境，便盡一切可能刻苦讀書。村上的教書先生看他是個好苗子，不時接濟他一點，學費也不向他要，從而使楊士奇受到了最基本的教育。年齡稍長，他便自己開館授徒，生活除自給外，還能稍有點結餘。此後數年都以開館教書為業，尤以在湖北開館的時間最長。這期間，楊士奇結識了不少文人學士，常有詩詞贈答。他不僅學問好，而且重朋友情誼，在士林中的名聲越來越高。

明朝的開國皇帝朱元璋死後，皇太孫朱允炆繼位，年號「建文」，歷史上就稱他為建文帝。按照舊制，一個新皇帝繼位後，要馬上組織文士為前一個皇帝修「實錄」。建文帝命各地推舉大儒，為朱元璋一朝修《明太祖實錄》，楊士奇被薦舉入京，參與其事。在修撰《明太祖實錄》期間，楊士奇的才能得到初步展露，尤其是他的史才和史識，更為同行所稱道。不久，建文帝即將他召入翰林院，充任編纂官。後來，吏部奉建文帝之命，考核史館諸儒士。吏部尚書張枕在看到楊士奇的策文後，驚奇地說：「這不是一般只知道死讀經書的儒士所能說出來的！」於是就舉楊士奇為第一。建文帝遂授楊士奇為吳王府審理副，仍在史館供職。

建文帝即位不久，即按照齊泰、黃子澄的建議開始削藩，也就是削奪諸藩王的權力。建文帝的二十多個叔叔都在外地做藩王，像燕王等北邊的幾個所謂「塞王」，經常帶兵出征，勢力更大。建文帝擔心眾藩王會威脅自己的皇位，就開始了削藩鬥爭。燕王看到五個藩王已被削，下一步就可能輪到自己，於是便起兵反抗，這就出現了長達三年之久的「靖難之役」。在這場爭奪皇位的戰爭中，燕王取得了最後勝利，建文帝「不知所終」。燕王登基做了皇帝，他就是歷史上著名的明成祖，改元「永樂」。明成祖看楊士奇為人老成，便將他改為編修，不久又選拔他進入內閣，成為著名的內閣七學士之一。他參與機務，多有建言，明成祖對他也推誠任用，從而使他的才能得到了充分的展現。

二、為官勤謹，巧護太子

明成祖為了加強中央集權，設立了內閣。原來，朱元璋因丞相胡惟庸謀反，便罷丞相不設，並把這一點立為「祖訓」，以後如有人建議設立丞相，格殺勿論。但是，朝廷中的事務都由皇帝親自處理，實在忙不過來，所以朱元璋後來又設了四輔官，以備顧問。明成祖便在這個基礎上設立了內閣。內閣成員都來自翰林院，都是頗有才華的文士，由他們協助皇帝處理政務，起草詔令。在內閣七學士當中，楊士奇任職最久，也是最負有盛名的一個。歷史上常說「三楊當國」，為首的就是楊士奇，另兩個人是楊榮和楊溥。

楊士奇奉職勤懇謹慎，在家的時候從來不說朝廷上的事，雖至善親朋私下交談，也聽不到他一句有關朝廷上的話。在朝廷上議事時，他從不鋒芒畢露，而顯得十分謙恭，但奏事明快簡潔，三言兩語就說出了問題的要害。有時眾人對某事久議不決，楊士奇一發言，大家總認為切實可行。楊士奇為人厚道，人有小過，常常代為掩飾。有一次，廣東布政使徐奇進京，帶來當地一些土特產，用來贈送廷臣，許多人受到他的餽贈。有的人上疏彈劾徐奇，說他向京官行賄，別有所圖，並將一份受禮人的名單交給了明成祖。許多大臣的名字都在這張名單上，卻唯獨沒有楊士奇的名字。明成祖問楊士奇是怎麼回事。楊士奇平心靜氣地回答道：「當徐奇赴廣東上任時，許多大臣為他送行，並有詩文相贈。我恰好當時有病，所以沒去送行，所以在他餽贈的名單上也就沒有我的名字。至於名單上的這些人是否真的受了他的禮，也未可知。何況禮品輕微，當沒有別的意思。」明成祖本來正一腔怒氣，打算對徐奇和名單上的諸大臣進行嚴懲，經楊士奇這麼一說，怒氣頓時化解，並下令將那張名單馬上燒掉，不予追究。這件事牽連到許多人，這些人為此都很感激楊士奇。

永樂初年，仍以南京為京師，以北平（今北京）為行在。明成祖經常住在北平，由太子在南京監國，由楊士奇等人輔佐太子處理日常政務。明成祖有三個兒子，次子被封為漢王，三子被封為趙王。漢王以勇武著名，在「靖難之役」中多有戰功。漢王和趙王相勾結，總想傾陷太子，所以經常在明成祖面前說太子的壞話。時間一久，明成祖頗為心動，便打算更換太子。太子沒什麼勇武可言，但心地善良、為人謙和，不像漢王那樣狂悖。永樂九年，明成祖由北平返回南京，問楊士奇有關太子的情況。楊士奇也聽到一些有關太子的讒言，就說：「殿下天資甚高，即使有點小過錯，也一定會知過改過。殿下存心愛護百姓，絕不會辜負陛下的重託。」明成祖本來想懲治太子，但經楊士奇這麼一說，馬上轉怒為喜，便暫時打消了更換太子的念頭。

永樂十二年（西元一四一四年），明成祖第二次親征漠北蒙古，得勝回師。這次漢王隨征，經常向明成祖說一些太子的壞話。說得多了，明成祖難免不有所心動。回到京師後，以皇太子迎駕遲緩為由，對太子痛加訓斥，並將太子身邊的一些大臣盡逮下獄，其中包括內閣大學士黃淮和楊溥等人。這一關押就是十年，等太子繼位後才將他們放出。當時還牽連到楊士奇。當明成祖問到太子的事時，楊士奇不僅不推脫責任，反而說道：「太子孝敬如初，之所以迎駕遲緩，都是我等大臣的罪過。」這麼一說，明成祖的火氣反而平息了下來，沒有治楊士奇的罪。漢王身邊的一些人則交章彈劾楊士奇，謂楊士奇是輔佐太子的第一重臣，更負有罪責，不應該單獨寬宥他。於是，明成祖便下令將楊士奇逮繫詔獄，但沒過幾天便又下令將他放了出來。

永樂十四年（西元一四一六年），明成祖由北平行在回到南京。他隱約聽到一些有關漢王胡作非為的事，就問吏部尚書蹇義。蹇義嚇得渾身發抖，不敢回答一句話。人們都清楚，在這種事情上一句話說不好就可能掉腦袋。明成祖接著又問楊士奇，楊士奇則巧妙而從容地回答道：「我和蹇義都侍奉太子，外人不敢在我們兩人面前說漢王的事。以前陛下命他就藩雲南，他不去；後又命他就藩青州，他仍不去。今聽說要遷都北平，他卻要在南京留守。其中有什麼深意，請陛下熟察。」明成祖默然不語，似有所醒悟，遂起身回宮。過了兩天，明成祖掌握了數十件漢王不法之事，遂將漢王召來，嚴詞切責，並命剝去他的冠服，囚禁於西華門內，還打算將他廢為庶人。明成祖還殺掉漢王身邊的幾個不法之徒，第二年命漢王徙封樂安（今山東惠民），即日啟行，不得拖延。於是，太子的地位遂轉危為安。他就是後來的明仁宗。永樂十九年，楊士奇升為左春坊大學士，仍在內閣辦事。

永樂二十二年（西元一四二四年），明成祖死於北征回師的路上，仁宗繼位。仁宗立即升楊士奇為禮部侍郎兼華蓋殿大學士。有一天，吏部尚書蹇義和戶部尚書夏原吉奏事未退，仁宗看見楊士奇前來，便對跟前的這兩個尚書說：「新華蓋殿大學士來了，一定有好意見，讓我們一起聽一聽。」楊士奇進來說：「恩詔剛頒下兩天，說要減少各地歲貢，但惜薪司卻傳旨，要徵棗八十萬斤，這不恰好與兩天前頒的恩詔相違背嗎？」仁宗深以為是，立命減少一半。不久，仁宗又加授楊士奇少保，和楊榮、金幼孜一起賜「繩愆糾謬」銀印，許以此印密封言事。不久，仁宗又加授楊士奇少傅。

當各地長官來朝時，兵部尚書李慶向仁宗建議，把軍中的餘馬分給各地，每年再向各地徵用馬駒，這樣可使軍中常有壯馬。楊士奇反對這樣做，對仁宗說：「朝廷選賢能之士授予官職，卻讓他們去牧馬，這豈不是貴牲畜而賤士人嗎？」仁宗答應停止這樣做，不久卻變得無聲無息了。楊士奇又言及此事，仁宗仍未有舉動。不久，仁宗召來楊士奇說：「那件事我哪裡是真忘呢？我聽說李慶等人不喜歡你，我怕你孤立，不想因你的奏言來停止此事，怕因此使你受他們的傷害。現在有理由了。」仁宗拿出陝西按察使的奏章，謂養馬擾民，不宜行。楊士奇對仁宗的厚意非常感激。不久，仁宗命楊士奇兼兵部尚書，同時領三種俸祿，但楊士奇堅辭，一定要辭去尚書的俸祿。

在仁宗還是太子的時候，御史舒仲成曾幫助漢王傾陷他。太子這時當了皇帝，就想藉故治舒仲成的罪。仁宗知道楊士奇那時也遭到他的彈劾，就找楊士奇商量。楊士奇力言不可，即位時剛頒詔，對以前忤旨的官員皆寬宥，如這時藉故治舒仲成的罪，天下人就會說皇帝不守信用，這樣就會使許多人提心吊膽。楊士奇還借古論今：「如漢景帝之待衛綰，不亦可乎？」仁宗大悟，就打消了這個念頭。

有一天，仁宗要臣下直言政事得失。大理寺少卿弋謙出班陳言，話語激切，惹得仁宗一時大怒，立命將弋謙逮繫獄中。鑑於仁宗怒氣未消，大臣們都不敢為弋謙說話。只有楊士奇在等到仁宗怒氣稍消後奏道：「弋謙是應詔陳言，如果因此而治他的罪，那麼群臣的嘴巴恐怕都要封起來了。」仁宗深以為是，馬上下詔，升弋謙為副都御史，並頒詔全國，為此事引罪自責，要天下臣民有言勿隱。從此以後，大臣們有什麼話都敢於當廷直言。

有一個地方官上書，稱頌天下太平，為自古未有，自然也對仁宗的仁政稱頌一番。仁宗看了很得意，就當廷交臣下傳閱。大臣們都說合於實際，有的還變著法兒對仁宗的聖德稱讚一通。只有楊士奇表現得很特別，不僅沒說一句稱頌的話，反而說道：「陛下的恩澤雖遍及天下，但是還有很多老百姓流徙外地，無家可歸；前幾年連續用兵，又屢興大工程，民力還沒有恢復過來，還有許多人食不果腹。如果再與民休息幾年，太平盛世大概就要真的到來了。」仁宗側耳細聽，並當眾對廷臣們說：「楊士奇說得很對啊！」他回過頭來又對吏部尚書蹇義等人說：「我以至誠對待諸卿，希望你們盡心輔佐，能治理好國家。只有楊士奇連續五次上書陳言，你們卻沒說過一句政事之失。難道朝政沒有一點缺失嗎？天下就真的那麼太平了嗎？」蹇義等大臣都感到很慚愧，都一齊頓首謝罪。幾天後，仁宗特頒敕書，賜給楊士奇一方「楊貞一印」。接著，仁宗命楊士奇和黃淮、金幼孜一起充任總裁官，編纂《明太宗實錄》。

三、直言得失，不隨波逐流

仁宗只在位一年就死去了，他的兒子宣宗繼位。在編纂《明仁宗實錄》時，楊士奇仍充任總裁官。

宣德元年（西元一四二六年），漢王果然舉兵反叛。宣宗率兵親征，兵不血刃即將漢王擒獲。在回師經過獻縣時，兵部侍郎陳山來迎，並奏道，漢王和趙王歷來都串通一氣，傾陷先皇仁宗，應乘機突然出兵彰德，再將趙王擒獲，以永絕後患。楊榮等人也極表贊成。楊士奇卻說：「謀叛當有事實，難道天地鬼神是可以隨便欺騙的嗎？」楊榮厲聲斥責楊士奇：「你難道想壞大事嗎？趙王與漢王勾結，天下的人都知道，怎麼能說沒證據呢！」楊士奇說：「今皇上只有兩個叔父，漢王謀叛，自然罪不可赦；趙王如沒罪，就應該厚待他，如對他懷疑，可以預先提防他，使他不危害國家就是了。為什麼一定要加兵征討呢？」當時，只有楊溥與楊士奇的意見相合。楊士奇正準備入內進諫，楊榮已先入。楊士奇要進去，被侍衛擋在門外。不大會兒，宣宗召蹇義和夏原吉入內，兩人便把楊士奇的話稟告了宣宗。宣宗起初也沒打算逮治趙王，今又見楊士奇也這麼說，便打消了移兵逮治趙王的念頭。回京後，宣宗對楊士奇說：「有很多人說趙王圖謀不軌，應怎麼辦呢？」楊士奇說：「趙王是陛下最親近的人，應想法保全他，不可聽流言。」於是，楊士奇代宣宗草擬一書信，連同大臣們彈劾趙王的章奏，派人一起送給趙王。趙王見到後，高興得流淚，說道：「我可以活下去了。」遂上表謝罪，並將自己的護衛軍獻出。從此以後，再沒人彈劾趙王了。宣宗待趙王也日益親厚，私下對楊士奇說：「趙王之所以能得以保全，都是你的功勞啊！」為此，宣宗賞給楊士奇許多金幣。

宣宗即位後，一直為安南的戰事所困擾。原來，明成祖於永樂五年（西元一四〇七年）將安南征服，在那裡設置郡縣，一如內地。但是，安南不斷地發生反叛，幾次鎮壓，幾次又叛，雙方的損失都十分慘重。這時，安南黎氏謊稱找到了原國王陳氏的後人，請明廷准其復國。許多大臣表示反對，只有楊士奇和楊榮的意見一致，認為不必因遠方蠻荒之地，將天朝拖得死去活來，應該趁機許陳氏復國，也從而使中國軍隊從安南脫身。宣宗深以為是，遂放棄安南，為此每年節省軍費近百萬兩白銀。

宣德五年（西元一四三〇年）春天，宣宗侍奉皇太后謁皇陵。事後，楊士奇等大臣在便殿拜見皇太后，皇太后對楊士奇慰勞有加。宣宗對楊士奇說：「太后常對我說，先帝時，只有你敢於犯顏直諫，不怕惹先帝生氣。先帝能接受你的勸諫，故不敗事。太后常教導我，一定要能聽臣下直言。」楊士奇回答道：「這都是皇太后的聖德之言，願陛下常記在心。」過了幾天，宣宗特頒敕，說楊士奇年老有病，上朝時或許會晚一會兒，不要因此對他論奏。這實際上是宣宗對楊士奇的一種特殊禮遇。

當時，有關各地水旱災荒的報告接連不斷，宣宗便召來楊士奇，說打算免去災區的租賦。楊士奇又趁機請求，應同時免去老百姓往年欠交的稅糧，減少江南官田稅額，停止並不急需的大工程，對關押在獄中的犯人儘早審理，確實有冤屈的，應儘早平反，以使皇上的恩德廣布。宣宗一一應允，天下老百姓為此頗為高興。過了兩年，宣宗又問楊士奇：「恤民詔頒下已久，還有什麼可恤的嗎？」楊士奇奏道：「詔書中說要減少官田上的稅額，但戶部仍照舊額徵收。」宣宗聽了後十分生氣，立即又頒下一詔書，有不按詔書行事者，嚴懲不貸。這才使老百姓真正得到了實惠。楊士奇又奏請道，應招撫逃民，讓他們回鄉復業；對貪墨的官員要嚴加懲治，鼓勵各地推舉賢才，即使犯人家的子孫，也允許他們參加科舉，才優者同樣可以入仕。除此以外，楊士奇還建議，凡是三品以上的官員，都可以舉薦賢才，如所推舉之人不稱職，舉薦人應被連帶治罪。對楊士奇的這些建議，宣宗都一一應允。這時，宣宗勵精圖治，楊士奇等人盡心輔佐，一些弊政得到及時糾正，「海內號為治平」。永樂時雖國力強盛，但征戰頻繁，大工迭興，所以老百姓的勞役甚重。只是到了宣德時，承繼了永樂強盛的餘續，天下又多年沒有戰爭，所以老百姓才真正過上了幾年太平日子。在這當中，楊士奇發揮了極為重要的作用。

君臣相諧，天下太平，宣宗便仿照古代皇帝的做法，每當歲首，命百官休假十天，即從正月初十至正月二十，百官不必上朝，和家人共度元宵佳節。在正月十五的晚上，宣宗還和大臣及他們的家人一起觀燈。每逢節日，宣宗還和眾大臣一起出遊。在春暖花開時，宣宗不時和大臣們一起去萬歲山（今北京景山）賞花。君臣之間賦詩唱和，也不時從容言及民間疾苦。大臣們有所建言，在遊玩時隨時就說了出來。宣宗都虛心聽納，對一些好的建議就命身邊的人記下來，回去後馬上傳旨實行。與這種太平盛世相適應，在文壇上便興起了所謂「台閣派」。楊士奇即台閣派的主要首領之一，君臣相互唱和的一些作品就成了台閣派的代表作。台閣派是「永宣盛世」的產物，反過來又為「永宣盛世」增添了許多絢麗的色彩。由於台閣派有許多歌舞昇平之作，故今人的文學史對其評價甚低。但台閣派的文章典雅流暢，無艱澀之苦，且統治文壇百餘年，自有其可取之處。尤其是開創人之一的楊士奇，的確自成一家，非末世的空泛庸俗之作所可比。流傳至今的《東里全集》，即楊士奇的文集，至今為文史學者經常翻閱，即表明其文章有一定的價值。

四、不計私怨，以公心處事

在宣宗即位之初，內閣也像永樂時那樣有「七學士」。其中，陳山和張瑛是宣宗的宮邸舊人，隨宣宗繼位，二人得進入內閣。但二人才能平平，處理章奏多有疏誤，不久即被派往外地為官。黃淮因身體多病而致仕，金幼孜病死，於是內閣中就只剩下「三楊」了，這就出現了歷史上著名的「三楊當國」的局面。由於三人居住的位置，楊士奇被稱為西楊，楊榮被稱為東楊，楊溥被稱為南楊。楊榮遇事果敢剛毅，尤其通曉軍事，曾數次隨明成祖北征，多有功勛。有一次，楊榮籌劃甘肅的兵事後回京，明成祖親自切西瓜犒賞他。但是，楊榮經常私下接受將領的賄賂，邊將幾乎每年都要向他進獻良馬。宣宗得知了楊榮的這些事，就問楊士奇，其用意是想將楊榮退出內閣。楊士奇卻說：「楊榮通曉兵事，臣等遠遠不及，不可因小過錯而廢大才。」宣宗笑了笑說：「楊榮曾多次說到你的過錯，沒想到你卻為他解脫。」楊士奇接著說道：「望陛下像寬容我一樣來寬容楊榮。」宣宗聽從了楊士奇的勸諫，使楊榮得以仍在內閣。後來，楊榮隱約地聽到了這件事，對楊士奇十分感激，自感對楊士奇有愧。從此以後，楊榮對楊士奇格外尊重，「三楊」同心協力，使宣宗時的朝政頗為清明。宣宗也覺得楊士奇不計私怨，處處從大局出發，以公心處理政事，忠心可倚，所以對楊士奇的奏請幾乎無不應允。

宣宗在位十年，死後由他的兒子英宗繼位。英宗繼位時才九歲，軍國大事都要稟告太皇太后，也就是英宗的祖母，即仁宗的皇后。在仁宗還是太子的時候，就多賴楊士奇之力才得以保全，故此後對楊士奇格外倚信。這時英宗才是個九歲的孩童，太后更是倚重楊士奇，有什麼事就派宦官去內閣，問「三楊」該如何處理，然後施行。「三楊」又以楊士奇資望最重。楊士奇也慨然以天下為己任，勇於任事，勤勤懇懇，各種政務都處理得有條不紊。這時，由楊士奇主持，連續推行了許多善政。例如楊士奇看到漠北蒙古力量漸強，時有犯邊之意，即請練士卒，嚴邊防，使北邊的防備得到明顯加強，使蒙古部多年不敢內犯；設南京參贊機務大臣，分遣文武官員鎮撫江西、湖廣、河南、山東；尤其令人稱道的是，自明太祖朱元璋開始，經常派校尉偵緝臣民隱事，實際上就是特務，儘管以前有不少大臣請求停止用校尉刺事，但皆未被允准，這時卻被楊士奇給罷去了。從此以後，儘管還有「廠衛」等特務組織，但再也看不到校尉這種特務了。另外，楊士奇又請免去災區賦稅，慎用刑法，嚴格考核各級官員。楊士奇的各種奏請都被一一允准。因此，英宗在位的前幾年，朝政清明，天下欣欣望治。

英宗年號「正統」。正統三年（西元一四三八年）時，《明宣宗實錄》編成，楊士奇也是總裁官，為此而被升為少師。正統四年，楊士奇以年老，請求致仕回鄉，但太后不許，而僅許他回鄉省墓，不久又回朝繼續理事。

在英宗時，出現了一個歷史上著名的大宦官王振。在歷史上，宦官亂政以漢、唐、明三朝為烈，而明代宦官亂政則自王振始。王振原是個縣令，因罪被判處死，他自請閹割為宦以抵罪，於是就成了宦官。由於他頗通文墨，所以英宗在很小時他就侍奉在側。英宗即位後，王振升為司禮太監。司禮監是宦官二十四衙門的第一衙門。司禮太監是宦官的總頭領，且有代皇帝「批紅」的權力，即內閣的票擬需經皇帝「批紅」後方能生效，而皇帝或小或懶於理事，就往往由司禮太監代為「批紅」。有點政治常識的人都會想到，這是一種很大的權力，說不定什麼時候就會乘機塞進一些自己的私貨。起初，由於英宗的祖母張太后在，「三楊當國」，王振還不敢太囂張。但在張太后死了以後，王振便漸漸跋扈起來。

明太祖朱元璋為了限制宦官干政，特地在宮門口掛了一塊鐵牌，上面寫著：「內臣不得預政事，預者斬！」王振進進出出都會看到這塊鐵牌，感到太刺眼，就在張太后死後不久將鐵牌取下，砸壞扔掉。對楊士奇的票擬，他也不時挑點小毛病，故意刁難。但楊士奇、楊榮都是五朝老臣，聲望極高，王振一時對他們還不敢過分為難。有一次，王振刺探到，靖江王佐敬曾餽贈楊榮許多銀兩。還有一次，楊榮回鄉省墓，回京後未及時報告朝廷。王振認為機會來了，想藉以除掉楊榮。楊士奇對王振的野心早有覺察，很清楚他的狼子野心，他彈劾楊榮並不是為了國家，而是為了掃除自己爭權道路上的障礙。於是，楊士奇極力在英宗面前為楊榮開脫，使楊榮未受懲處，「三楊當國」的局面仍得以繼續維持。但是，楊榮為這件事憂憤積心，不久就一病不起，終於死去。從此以後，內閣就只剩下楊士奇和楊溥了，更形孤立，王振的氣焰自然也就高了起來。

王振貪墨成性，大肆侵吞軍餉，致使四川的一支守軍發生嘩變。這場嘩變還沒有完全平息下去，當地一些少數民族又趁機發動叛亂。於是，明廷不得不發大軍前往鎮壓。在楊士奇的精心協調下，這場叛亂總算被鎮壓了下去，但明王朝的損失也很大，僅將士就戰死數萬人，多年積蓄的錢糧被耗費一空。

王振自恃有寵，氣焰日益囂張。他常以周公自比，意思是，自己和英宗的關係就像周公輔成王一樣。許多公侯勳戚稱他為「翁父」，連英宗皇帝也不直呼其名，而稱他為「先生」。他對哪個官員不順眼，輕則藉故降職，重則逮繫獄中，甚至殺頭。尤其令人髮指的是，王振經常故意激英宗發怒，在殿上當眾廷杖大臣。這不僅是一種肉體上的摧殘，而且是一種人格上的汙辱。每當廷杖時，監刑的是王振一夥太監。如果監刑太監腳尖分開，就表示不要打死；如兩腳尖合攏，受刑人就一定要被打死了。在這種情況下，大臣們人人自危。楊士奇這時年近八十，雖盡力匡救，但對王振已無可奈何。

鑑於北部邊境時有警報，蒙古瓦剌部勢力漸強，楊士奇估計瓦剌不久就會成為北邊的大患。於是，楊士奇上奏英宗，請求將太僕寺的一些馬匹充實邊防，再從西邊買一些戰馬，以補充北部邊防戰馬的不足。英宗下詔准行。但是，由於王振剋扣買馬的銀兩，所以效果並不明顯。

王振認為楊士奇是自己爭權道路上的最大障礙，便處心積慮地打擊楊士奇。他通過東廠特務偵知，楊士奇的兒子在家鄉有許多不法行為，便唆使言官彈劾楊士奇。英宗一直對楊士奇很尊重，廷臣擔心會因此而傷害楊士奇，所以就沒有對楊士奇的兒子治罪。英宗只是將他兒子的一些罪狀封起，交給楊士奇。王振還不甘心，接著又用東廠特務查到楊士奇之子的一些新罪狀，英宗這才決定，將楊士奇之子逮繫獄中。楊士奇心裡很清楚，兒子只是一介普通百姓，即使有些橫暴，也用不著朝廷為此興師動眾，其用意顯然是針對自己。楊士奇遂上疏自責，謂自己教子無方，自己又年老多病，請准予辭官，回鄉養老。英宗怕傷害楊士奇，特降詔，對楊士奇極力慰勉，使楊士奇頗為感動。但楊士奇還是憂慮成疾，不久死去，時年八十歲。英宗為楊士奇之死很傷心，特贈官太師，謚號「文貞」。

楊士奇為人持重和善，好獎掖寒士。像著名的清官能臣于謙、周忱、況鍾等，都是因楊士奇推薦而步入仕途的。楊士奇死後不久，瓦剌即大舉內犯，王振挾英宗親征，結果五十萬大軍全軍覆沒，英宗被俘，北京也差一點被瓦剌攻陷。這場事變在歷史上被稱作「土木之變」，是明王朝由盛轉衰的分水嶺。幸賴楊士奇有識，舉薦了于謙這位能臣，在北京保衛戰中擊退了瓦剌，使明王朝在萬分危急的情況下轉危為安。

周忱和況鍾都是明代著名的清官，蘇州等地的老百姓甚至為他們立祠紀念。一些小說、戲劇對他們的事蹟也多有描述。如沒有楊士奇的推薦，這些人可能終生不為所用，老死鄉間。

在「三楊」中，楊士奇以學行著稱，楊榮以才識聞名，而楊溥素有操行，皆人所不及。楊士奇在「三楊」中資望最重，以自己的學行和智謀歷輔明初五帝，使明王朝進入最強盛富庶的時期，這不是只有小智小謀的人所能做到的。

本篇主要資料來源：《明史》卷一四八，〈楊士奇傳〉；《明史》卷五、卷六、卷七，〈明成祖本紀〉；《明史》卷八，〈明仁宗本紀〉；《明史》卷九，〈明宣宗本紀〉；《明史》卷十，〈明英宗前紀〉。

范文程傳

林紅

輔清初四帝　以德義安邦

范文程（西元一五九六年～西元一六六六年），字憲斗，號輝岳，明朝萬曆二十四年（西元一五九六年）生於一個名門家庭，清朝康熙五年（西元一六六六年）去世。他一生經歷了努爾哈赤和皇太極的開創時期，又經歷了順治和康熙兩個朝代，為官四十多年，是清朝最著名的開國功臣，對清朝的建立與鞏固發揮了重要作用，是清代初年卓越的政治家和謀略家。

一、出身仕宦家，仗劍謁軍門

范文程的先祖是宋朝觀文殿大學士、高平公范純江；曾祖范璁，為正德年間進士，曾做過兵部尚書，後來因為與明朝權臣嚴嵩不和，憤然辭官；祖父范沈，曾經擔任明朝瀋陽衛指揮同知；父親范楠，一生沒有做官，范文程為其次子。

范文程少年時期便喜好讀書，才思敏捷。由於他生長在一個世代為官的家庭中，所以，父祖們在仕途上的坎坷經歷在他幼小的心靈上打上了深深的烙印。隨著年齡的增長，他逐漸養成了沉著、剛毅的性格，十八歲時，他和哥哥同時考中瀋陽縣學秀才，這在當時的遼東來說已是鳳毛麟角了。

范文程生活的年代，正是明朝階級矛盾和民族矛盾逐漸加深的時代。當時，居住在東北地區的女真族各部之間不斷發生兼併和掠奪戰爭。其中的一支建州女真南遷到以蘇子河流域為中心的撫順關以東地區，那裡山清水綠，土地肥美。這支部落在酋長、建州左衛部指揮使努爾哈赤的帶領下，開始逐步統一女真各部。到了明萬曆四十四年（西元一六一六年），絕大部分女真部落被努爾哈赤征服。就在這一年，努爾哈赤自稱大汗，定都於赫圖阿拉（即興京，在今遼寧省新賓滿族自治縣），開始了歷史上的後金時期。

天命三年（西元一六一八年），努爾哈赤以「七大恨」祭天，誓師伐明，起兵攻襲明朝的戰略要地撫順及其附近地區。這次攻襲使得北京滿朝震驚。不久，努爾哈赤便攻陷了撫順。

二十一歲的范文程耳聞目睹了滿族的興起與努爾哈赤後金政權的建立與發展。他清楚地看到，明朝已是氣數將終，而後金正方興未艾。於是，他同哥哥一起，毅然親赴漢營，「仗劍謁軍營」，投效了努爾哈赤。努爾哈赤見范文程身材魁梧，氣宇不凡，十分賞識。在談話中，又發現他對於當時的世態時事非常瞭解，便十分喜歡他。並且得知范文程是范璁的曾孫後，便對自己手下的諸位大臣說：「這是名臣的後代，一定要好好待他！」由於范文程熟知明朝及遼東的政治、軍事形勢，因而成為努爾哈赤的親隨，投筆從戎，南征北戰，參與了攻打遼陽、西平、廣寧（衛名，今遼寧省北鎮市）等許多戰役，都發揮了重要的參謀作用。

然而，當時，後金與明主要在戰場上較量，女真人最重武功。范文程雖飽讀經書，卻未能在戰場上建立勳業，再加上他年紀尚輕，又是剛投奔來的，因此，范文程的才能真正得到賞識和重用，不是在努爾哈赤時期，而是在皇太極執政之後。

二、運籌帷幄，妙計迭出

天命十一年（西元一六二六年），努爾哈赤率領大軍圍攻由明將袁崇煥堅守的寧遠城，久攻未下，大挫而退，未能實現一舉奪取全遼、直逼山海關的企圖。於是，退回瀋陽。八月，就因患毒疽而死。努爾哈赤死時還未嗣君，但他在生前規定，死後由滿洲貴族共同商議從八大和碩貝勒中公推一人繼承王位。按此規定，四貝勒皇太極被擁立，即後金漢位，改元天聰。

皇太極即位後，范文程一直侍奉其左右，經常以治國和平天下的思想和策略對皇太極進行說教，把漢族封建皇帝的治國理論、經驗和措施介紹給皇太極，這樣，就使得皇太極的思想有了一次大昇華，從而擺脫了建州女真奴隸制思想的束縛。所以，皇太極統治東北期間，女真族的社會經濟得以進一步發展，封建的農奴制代替了奴隸制。皇太極提出了要調整漢滿關係，緩和民族矛盾。隨著形勢的發展，以及統治地域的不斷擴大和人口的逐漸增加，他又採取了一系列措施鞏固政權，整頓和改革國家機構。天聰三年（西元一六二九年）四月，皇太極想以歷代帝王的得失作為自己的借鑑，並且記錄自己的政績得失，於是建立了內閣的雛形——文館。不久，范文程便被選入其中，參與帷幄，從而成為皇太極的主要謀士之一。他足智多謀，曾使用多種謀略手段，使後金捷報頻傳。

天聰三年（西元一六二九年），皇太極率領大軍攻入薊門（今河北省唐山市、秦皇島市、遷西縣和青龍縣一帶），奪取遵化。范文程另外又率領部分軍隊攻克了潘家口、馬蘭峪、三屯營、馬拉關、大安口五城。此後，後金部隊被圍困在大安口。在這次戰鬥中，范文程主張用火器進攻，結果大獲全勝，從而逐步取得了皇太極的信任。

一次，皇太極親自率兵攻打永平，留下范文程守遵化，不料明軍發動了突然進攻。范文程率領軍隊身先士卒，奮勇抗戰，最終將敵軍擊退。皇太極知道後十分高興，授予了范文程世職（世職，世代相襲的職位，有俸祿和禮儀方面的待遇，沒有實權）游擊之職和三等阿達哈哈番的爵位。

同年冬天，范文程又用其計謀，為皇太極拔除了宿敵，從而使後金部隊得以從容退出關外。當時，皇太極親統大軍，由龍井關、洪山口越過長城，直趨北京。明朝寧遠巡撫袁崇煥、錦州總都祖大壽率師回援。於是，與後金部隊在北京近郊展開了激戰。雙方勢均力敵，相持不下。這時，范文程便向皇太極建議使用反間計，利用俘虜的明朝宦官，告訴崇禎帝說袁崇煥與皇太極之間已有密約，今日後金兵臨都下就是袁崇煥所致。猜忌而多疑的崇禎帝便信以為真，於是將袁崇煥逮捕入獄，不久便處死。祖大壽聽說後大為驚駭，也慌忙率兵逃回錦州。由此，范文程的反間計使得後金部隊轉危為安。可見，范文程堪稱是足智多謀的軍師。

天聰五年（西元一六三一年），清軍圍攻大凌河，攻克城池。但是，蒙古降卒中有陰謀殺害叛將反叛回去的人，皇太極大怒，要殺死這些叛兵。范文程卻婉言勸說，曉其利害，從而讓皇帝寬恕了五百多人，免予其死罪。這時明朝有一部分軍隊堅守西山之巔，清軍久攻未下，范文程便單槍匹馬到達營地，動之以情，曉之以理。於是，輕而易舉地便將西山守軍招降了。皇太極欣喜萬分，把招降來的人全部賜給了范文程。

天聰六年（西元一六三二年），皇太極率領滿洲八旗和蒙古各部越過興安嶺，遠征察哈爾，以澈底打敗東部蒙古，孤立明朝，並且使蒙古諸部成為自己的力量。駐察哈爾的首領林丹汗得知後，驅趕富民和牲畜，渡過黃河，棄掉本土向西逃去。等到皇太極趕到歸化（今呼和浩特市）時，已是人去城空。數萬後金部隊，千里馳驅，人疲糧盡，只能以獵取黃羊為食。這種形勢對皇太極非常不利。當時正值盛夏，飲水奇缺。所以因飢渴而死的士卒很多。如能見到一個小泉，晚到的竟然要用一隻羊來換討一碗水喝。在這種情況下，八旗軍想繼續追擊林丹汗，已經勢所不能，從原路退出關外的話，沿途地薄民窮，將士無以給養，何況千里興師，徒勞無功，勢必名利兩失。而全軍將士都想藉機南下搶掠明朝地面，只是苦於出師無名，無計可施。在這種情況下，皇太極便與范文程、寧完我、馬國柱等共同商議了對策。范文程上書指出，唯有深入，才為上策，但必須以議和為幌子。並且建議皇太極從雁門關攻入，原因是道路無阻，而且沿途人民富裕，可以為軍隊提供糧草。他又讓皇太極下諭詔示沿途百姓，說林丹汗已經逃跑，現在土地已經歸後金，只是道遠無法遷徙人民前來，所以謀求議和。這樣就為皇太極出師找了個堂堂正正的理由。皇太極採納了他的建議，一面致書明大同、陽和、宣府等地官員，要求議和，並以十日為限；一面揮師直奔宣府、張家口，沿路縱兵擾民，飽掠而返。以議和為誘餌，欺騙輿論，製造進攻和擄掠的藉口，這足可見范文程的高明之處。而且，皇太極也多次採用議和手法以求勝利，屢試不敗，花樣翻新，在明清爭鬥中發揮了重要作用。

在招降明朝官員，為清王朝延攬人才方面，范文程也表現了他的獨特才幹。早在天聰五年（西元一六三一年）大凌河之役時，他就因招降明朝守將而立過功。天聰七、八年間，當時明將孔有德、耿仲明、尚可喜等航海來投，皇太極也派范文程前往聯絡和安撫。崇德七年（西元一六四二年），明將洪承疇在松山戰敗被俘，起初誓死不屈，惡罵不休，於是皇太極派范文程前去勸降。他與洪承疇天南海北，談古論今。說話間，樑上積塵飄落於洪承疇衣襟上，洪承疇幾次拂去，機敏的范文程見此情景，即告皇太極：「承疇不會死的，他愛惜自己的衣服尚且如此，何況自己的生命呢！」洪承疇不久果然降服。

從此，范文程日益受到皇太極的寵信和重用。後金政權建立之初，帶有濃厚的軍事民主制的色彩，各部權力逐漸加強。為進一步加強集權統治，天聰十年（西元一六三六年）三月，皇太極又對文館進行改革，成立了內三院（內國史院、內祕書院、內弘文院）。范文程由於深受皇太極信任，被任命為內祕書院的大學士，進世職二等甲喇章京，負責撰寫、起草對外往來書信，記錄各衙門的奏疏詞狀以及代替皇太極起草敕諭、祭文等。

天聰七年（西元一六三三年），皇太極創立了八旗漢軍以應需要，這為「選用招降，以漢攻漢」提供了組織、軍事上的保證。在商議推選汗軍固山額真時，諸大臣都提出由范文程擔任。皇太極卻說：「范章京的才幹當然可以勝任這個職務，然而，固山額真只是漢軍一個旗的職務。我認為他是我的心腹和棟樑之材，固山額真的職務由誰擔任你們就另議吧。」這充分說明了皇太極對范文程極為重視。

天聰九年（西元一六三五年）冬，皇太極與范文程商議能否尊號稱皇帝。范文程回答皇太極說：「人從天象而行，哪有天特意告訴汗受尊號的道理呢？獲得玉璽的事，各國歸附的事，人心歸順的事，這本來都是天意。今汗順天意，合人心，受尊號，定國政適當。」皇太極聽後十分高興，於是在次年春就接受了群臣上書，尊號為皇帝，改元崇德，定國號為「清」。

由此可見，范文程的權力絕非僅限於內祕書院。他雖不在議政大臣之列，但幾乎能參與所有重要機密、內外政策的制定。國家機構的建立和完善，各級官員的任命，范文程都擁有廣泛的影響和權力。范文程認為削弱王權與加強君權的鬥爭關係到整個國家的生死存亡，於是他上疏建議仿照中國歷代朝廷官制，「請置言官」，於是，崇德元年（西元一六三六年），皇太極設立了都察院，獨立行使監察權。為了改變六部中職事混亂、互相推諉的局面，范文程又在崇德三年（西元一六三八年）提出了改革建議，得到了皇太極的批准，這樣就停止了各王貝勒對各部院的干預，加強了中央集權。范文程還向皇太極提出：「治國安邦，從根本上說，最重要的在於人才。特別是培養人才，保護優秀的人才，是最重要的。」這樣，皇太極選用人才不拘一格，打破民族界限，只要有一技之長，都加以任用。范文程還建議，通過辦學校和進行考試來選拔人才，從而使皇太極在短短幾年內就得到了數量可觀的人才，這些人忠於清朝，成為許多大衙門的骨幹和大清統一全國的重要力量。崇德三年（西元一六三八年），范文程又協助皇太極建立了「理藩院」，統一處理各少數民族事務，這對於推動各民族間的合作，改善民族關係發揮了十分積極的作用。在范文程的主要參謀下，清王朝很快模仿明王朝，並有所增加與發展，完成了封建化的過程，加強了中央集權，成了一個政治上、軍事上、文化上都能與明朝一比高低的勁敵了。

隨著權力的日益集中，皇太極晚年的性格也愈加暴躁，許多親王大臣動輒得咎，有的被削爵，有的被罷官，但是對范文程始終寵信不衰。每次召見總要半夜時分才出來，有時還沒來得及休息，又被召見。每當議論大事時，皇太極必定要問：「范章京知道嗎？」如果有不妥當之處時，就說：「為什麼不與范章京商議呢？」如果范文程有病，對一些事情的處理就要等他病好再裁決。許多撫諭各國的書敕，都由范文程起草。起初，皇太極還詳細審查，以後便不再瀏覽了，他說：「范文程辦事肯定沒有錯誤。」因此，范文程已經成為一個至關重要的決策人物。皇太極對他恩寵備至。有一次，范文程把他的父親接來侍奉，皇太極賞賜范文程珍肴佳味，但范文程念及父親沒有吃，所以猶豫不敢動筷子，皇太極知道了，於是就下令撤去食物，賜給范楠。

三、把握時機，勇取中原

崇德八年（西元一六四三年）八月九日，皇太極在瀋陽突然病死。於是，在滿洲貴族內部，立即爆發了一場爭奪帝位的鬥爭。皇太極的長子肅親王豪格和皇太極的弟弟睿親王多爾袞，是帝位的主要競爭者。但是，皇太極第九子福臨未滿六歲，卻被擁立為帝，由他叔父濟爾哈朗和多爾袞輔政，這無疑是滿洲貴族各派政治勢力之間為避免內部分裂而達成的妥協。在這場鬥爭中，范文程意識到捲入鬥爭的危險，尤其自己是漢人，更應當慎重，同時他也看到自己的功勞和才能是世人皆知的，而且為旁人所不及，將來無論哪一派得勢都要依賴他，所以，范文程十分明智地採取了迴避的態度。也正因此，滿洲貴族內部的鬥爭絲毫沒有影響到他在朝中的地位。由此也可看出，范文程的政治頭腦異常清醒——不論誰來繼承皇位，他都是一個忠於新君的大臣。

無論是投奔努爾哈赤還是追隨皇太極，范文程都以其雄才大略，制定了進攻中原奪取全國的戰略方針，並在處理錯綜複雜的矛盾中始終堅持這個方針不變。這說明范文程對明清現狀瞭如指掌，而且有通觀全局的眼光，能在歷史發生大轉變的關鍵時刻，把握時機，推動歷史前進。難怪有些歷史學家往往把他比作楚漢相爭時的張良或明代功臣劉基。

經過兩代人的努力，清朝進行了一系列的改革，使政治、軍事、經濟都有了雄厚的基礎，從而擁有了賴以奪取全國政權的實力。順治元年（西元一六四四年）三月底四月初，清王朝決定派多爾袞、阿濟格、多鐸統兵再次伐明。此時李自成已攻下北京，但消息尚未傳到瀋陽，所以清廷對這次出征要達到什麼戰略目標並不明確，對是否入關也猶豫未決，舉棋不定。

四月四日，范文程上書濟爾哈朗和多爾袞，極力督促清軍儘早入關。他說，明覆亡，已無可挽回，黃河以北必將為他人所有。此種形勢，猶如「秦失其鹿，楚漢逐之」，是諸王建功立業的大好機會，失此時機，必貽悔於將來。他又說，現在中原百姓慘遭災難和動亂之苦，流離失所，都想有個聖明的好皇帝，能安居樂業。而以往清兵入關數次，主要是進行掠奪，所以中原百姓會認為清軍胸無大志，只是貪圖財利而已，會心懷疑慮，從而不敢擁護清朝。因此，范文程在這次上疏中又特別強調進軍必須嚴明紀律，秋毫不犯，這樣才能使中原地區的官兵百姓向風歸順，近悅遠來。而且，明朝的精兵已經基本上沒有了，八旗等可以包圍他們，長驅直入，直取北京。

當多爾袞伐明大軍進軍至遼河時，傳來了李自成攻進北京、崇禎皇帝自縊而死、明朝滅亡的消息。在這緊要關頭，多爾袞急召在孟州溫泉養病的范文程速來商討對策。范文程抱病前行，率軍日夜兼程，趕往山海關，使清軍在政治上、軍事上作了重大策略轉變，從「伐明」轉而與農民軍為敵，牢牢抓住了「弔民伐罪」的「仁義之師」這一旗號。范文程分析當時的形勢說，李自成塗炭中原，一逼崇禎自殺，招致天怒；二對官紳施刑，引起士憤；三毀居民房舍，遭到民恨；四軍心驕傲，可一戰破之。只要討其罪行，撫卹士大夫，就會成功。二十二日，清軍入山海關，擊潰了李自成親自率領的二十萬大軍。清軍每日奔行一百二三十里，未遇任何抵抗，便於五月二日進入北京城。

在進軍北京途中，范文程多次向多爾袞進言：「讓人生存是天子的品德，自古以來沒有因為嗜殺百姓而得天下的。如果清朝只想得東北地區，那麼攻打掠殺都可以用，但是要想得到整個華夏，不安撫百姓是不行的。」他還親自起草文告，宣稱：「我們是仁義之師，是為你們報君父之仇來的，不會殺害平民百姓。現在我們只是誅殺闖王賊而已。有官吏來歸的，恢復其職位；百姓來歸的，許其從事舊業。我們大軍的行動是有嚴格紀律的，絕對不會傷害你們。」他讓人把文告四處張貼，廣泛宣傳，並且都署上自己的官階和姓名。這些文告看似平凡，但在當時進關的關鍵時刻，卻成了大清向農民起義軍的宣戰書，是瓦解農民起義軍、向所有被起義軍打倒的官僚、地主、豪紳宣傳清軍政治主張的重要渠道之一。它掩飾了清、明矛盾，突出了地主階級與農民階級的矛盾，從而使各地迎降不絕。

清兵入京後，正是大亂未定、百廢待舉之時，多爾袞忙於戎機，竟閉門不出。文武甲兵，事無鉅細，都由范文程來處理。根據當時在北京的明朝遺民張怡記載，范文程非常體恤百姓疾苦，他曾說過：「我大明骨，大清肉耳。」那時北京城裡一些市棍地痞，趁著鼎革混亂之際，把所掠奪的宮中錦緞服飾，列市叫賣，清兵「豔而爭鬻之」。范文程得知後十分憂慮，說：「怎麼能這樣呢，真是太愚蠢了，我在睿親王面前極力說京城百姓窮苦，所以嚴禁搶劫。但現在這樣炫耀，既然動了貪心，必定會引起懷疑，以後再說什麼怎麼能聽進去呢？況且我擔心清兵會擾亂老百姓，所以每人給兩個月的糧餉，現在都用來買綿綺，以後沒有什麼吃的了，還能不搶嗎？」於是他就立即下令禁止此種行為。

當時已故明尚書倪元路的家屬致書范文程，請求扶喪南還，范文程立即遣人騎馬持令箭送到張灣。所以當時許多殉難的大臣，都陸續發回南方。范文程對他們以禮相待，表現了一個政治家的不凡氣度，也贏得了漢族地主階級的好感與信賴。

為了迅速穩定局勢，安撫民心，范文程襄助多爾衮制定了各種政策和措施，他宣布為崇禎帝發喪三日，以此來證明清朝奪得北京並不是來自明朝，而是來自於李自成農民軍。他還安撫亂後倖存者，訪求隱居的賢士，甄別參考前朝的文書檔案資料，更定律令，廣開言路，召集諸曹胥吏，徵求冊籍。由此，使廣大人民大大減輕了對滿清的敵對情緒。

明朝的賦稅額屢次增加，但是規定賦稅的黃冊在戰亂中銷毀了，只有萬曆一朝得以保存下來。有的大臣就建議到直隸和各省求新的黃冊，范文程說：「依萬曆時的賦稅，都讓百姓苦不堪言，何況新的呢！」於是商議仍用萬曆時的賦稅制，並且廢除了明朝時的三餉（軍餉、剿餉、練餉）加派。

多爾袞定都北京後，對大臣進行封功賞爵，范文程被封為三等男。順治五年（西元一六四八年）又被封為一等阿思哈尼哈番加拖沙喇哈番（爵位名，正二品），賜號為「巴克什」（滿語，原意是「師」稱號名，賜給讀書識文墨的大臣，以示榮寵）。後來，又晉升二等精奇尼哈番（二等子爵，從一品）。

順治二年（西元一六四五年），江南已經平定下來，范文程上書說：「治理天下的根本在於得民心，士人是百姓中的優秀者，如果得士人心，那麼就能得民心。」他請求進行鄉試、會試，並多次親自擔任會試主考官，利用升科取士，爭取了漢族地主知識分子對清政權的支持。

就這樣，范文程進京伊始，親主政務，日理萬機，為崇禎帝發喪，安撫孑遺，舉用廢官，搜求隱逸山林之賢士，考訂文獻，更改明朝律令，廣開言路，安定了人心，又實行了輕徭薄賦，給人民以生息的條件，這些都為清王朝的鞏固奠定了基礎。范文程殫精竭慮，夙興夜寐，充分施展了他安邦定國之才，成為政壇上風雲一時的人物。

然而，由於范文程忠心耿耿為清朝獻計獻策，對多爾袞也剛直而不隨聲附和，這就激起了喜好獨秉大權的多爾袞的不滿，所以，儘管范文程德高望重，也難以擺脫同多爾袞的矛盾。兩人在許多政策上存在諸多分歧。多爾袞曾經對范文程發出警告說：「現在國家各項事物，各有專人管理。」以限制范文程的權力，范文程卻依然故我。范文程對多爾袞過分寵信和依賴馮銓等閹黨深為不滿。

馮銓，是明閹黨魏忠賢黨羽中的頭面人物。清朝入關後，他歸降清朝，同其他漢官一樣，揣摩執政意旨，以迎合多爾袞的心意。由於他善於迎合清初統治者，所以在多爾袞攝政時期，頗受恩寵和重用。順治二年（西元一六四五年）八月，給事中許作梅、御史李森先等人彈劾馮銓，成為漢官交章彈劾的第一名大學士。但是這次彈劾遭到失敗，許、李二人被罷官。范文程至少是在暗中對他們深表同情。

順治三年（西元一六四六年）二月，多爾袞又以范文程平素多病不能過於勞累為口實，開始限制和削弱范文程的權力。同年八月，又因甘肅巡撫黃圖安呈請終養問題，范文程又被多爾袞以「擅自關白」輔漢王濟爾哈朗為由而被下法司勘問。范文程雖然沒有被罷官，但與多爾袞的關係更趨疏遠。從此，范文程也更加小心，以防遭不測。

此時，滿洲貴族內部的矛盾又趨尖銳。多爾袞代天攝政，其爵位也愈來愈受尊崇，被尊為「皇父攝政王」。他高下在心，凡是他喜歡的人，即使不應該做官的也濫加提升；他不喜歡的則濫加降職。他專斷權威，排斥異己，深為多爾袞所嫉妒的豪格雖鎮壓張獻忠有功，也終於被羅織罪狀，在順治五年（西元一六四八年）被置於死地。濟爾哈朗雖同居輔政，只因曾經主張立豪格為君，也以「擅謀大事」等罪名，罷其輔政。反之，其同母弟豫王多鐸曾力主立多爾袞，則待之甚厚，順治四年（西元一六四七年），晉封他為「輔政叔德豫親王」，取代了濟爾哈朗。

順治七年（西元一六五〇年），患有風濕病的多爾袞出獵古北口外，墜馬受傷，塗以涼藥，太醫認為用錯了藥，十二月初九死於喀喇城。其靈柩被運回北京，被追尊為「誠敬義皇帝」。但是由於他生前滿洲內部明爭暗鬥一直十分激烈，所以死後僅二個月，順治八年（西元一六五一年）二月十五日，蘇克薩哈、詹岱就首先告發多爾袞曾「謀篡大位」；其親信大學士剛林、祁充格也以依附多爾袞妄改太祖實錄之罪被殺。順治五年（西元一六四八年）前後，多爾袞曾命剛林、祁充格二人同范文程一起刪改太祖實錄，當時范文程深知此事關係重大，但又不能違命不從，於是就託詞養病，閉門避禍。所以他雖然參與此事，但又因為他不是多爾袞一黨之人，故被免於死罪，僅以革職留任論處，不久便官復原職。范文程能躲過這次大難，完全是由於他有自知之明，才得以保全自己。

四、敬獻謀略，安邦定國

愛新覺羅．福臨還不滿六歲就被擁立為帝，由其兩位叔父濟爾哈朗和多爾袞來輔政，成為滿洲貴族內部各派勢力之間為避免內部分裂而達成妥協的產物。崇德八年八月二十六日（西元一六四三年十月八日），福臨在瀋陽繼承帝位，翌年改元順治。但在以後長達八年的時間裡，攝政王多爾袞獨專威權，福臨只不過是「拱手以承祀」而已。

由於多爾袞在喀喇城的去世比較突然，所以福臨的親政就意外地提前了。順治八年正月十二日

（西元一六五一年二月一日），福臨在太和殿宣布親政。雖然福臨年僅十四歲，但他比一般的同齡人顯然要早熟得多。為了克服閱讀漢文奏章的困難和汲取中國歷代帝王的治國經驗，他發憤讀書，博覽萬卷，在史書中受漢文化的熏陶，領悟儒家「文教治天下」的奧祕，所以他能儘量利用漢民族固有的生活方式和倫理道德觀念去不斷完善他的統治。他親政後，一反過去之法，不顧滿族王公大臣反對，繼續重用漢官，其中就有范文程。

順治九年（西元一六五二年），范文程被任命為議政大臣，這是在此之前漢人從未得到過的寵遇。同時范文程受命監修《太宗實錄》。

同年，范文程就彈劾馮銓之事向福臨進疏，他說：「這些上書彈劾馮銓的大臣，其目的無非是為皇帝，為大清江山著想，所以皇帝應當重新考慮，珍視他們的這種愛國之情。」順治帝接受了他的奏議，並曉諭吏部許作梅、李森先等官復原職，馮銓被趕出朝廷。

福臨親政之初，無論軍事、經濟、政治各方面所面臨的形勢都十分嚴峻險惡。當時直隸及各省的財政收入以及糧食都達不到規定的數目，賦稅欠缺，糧餉不足的情況十分嚴重，一年甚至虧欠四百餘萬石。范文程上疏皇帝說：「湖廣、江西、河南、山東、陝西五省由於長期戰亂，已地廣民稀，所以應當實行屯田，命令督撫選拔清廉能幹的官吏去掌管屯田，並把選拔的官吏好壞作為給督撫賞罰的標準。」同時，他又具體地闡明了屯田的實行辦法及巨大的益處，他說，屯田官吏的俸銀祿米，第一年從本錢中來支付，第二年收穫後再償還，以後的俸銀祿米，都由屯田收入支付。因此，即使增加官吏，也不會因俸祿支出而加重負擔。屯田所用的牛、穀種、農器都由各州縣自己配備。沒有主人的及有主人但主人棄而不種的土地都劃為官屯。如果農民有願意耕種而財力不足的，國家發給牛和穀種，把收穫的三分之一交給國家。三年後，土地即歸耕種的農民。接著他又詳細地說明了屯田的其他細則。他建議編保甲，協助官府守夜巡察，杜絕犯法作亂事情的發生。這樣，百姓將不再處於飢餓之中，流民和亡命的人也會聞風而至，農田荒蕪的局面就能加以改變。

初始設立屯田時，各地所收穫的糧草都由各道分別貯藏保管，所收之物不易貯藏的，就近供應軍餉。凡是需要僱車船來運送的，不能役使屯民，使用屯牛。屯所在的州縣吏受興屯道指揮。如果屯道稱職，那麼三年便可提升兩級，而且享有和邊疆地區官員一樣的俸祿和其他待遇；如果不稱職，那麼責成巡撫立案糾查，如有庇護就實行連坐，以堅決做到「賞倍罰嚴」。

范文程的建議得到了順治帝的贊同。順治十年（西元一六五三年），他便設立了屯道廳，在北方推行屯田開荒，並且認為這是既可解決「賦虧餉絀」又可「弭盜安民」的良策。在四川等地，實行由政府貸給農戶牛、種子和農具的政策，鼓勵墾荒。這種政策的實行，使政府坐收充足的稅額，有利於解決當時嚴重的財政危機。

范文程在上疏中提到的獎懲官吏的措施，也得到了較好的實施。順治十四年（西元一六五七年），順治帝批准了戶部議定的官員墾荒考成則例，以官員的墾荒實績作為對他們獎懲的標準。如順治十五年（西元一六五八年）九月，順治帝看到河南巡撫賈漢復清察開墾荒地九萬餘頃，每年可增賦銀四十八萬八千餘兩的報告，非常高興，稱讚他「實心任事」，並且下令給他優厚的待遇。

順治十年（西元一六五三年）五月，順治帝同范文程一起探討如何治理國家的問題。范文程說：「大多數為民行善、合乎天意的王朝，都君主聖明，大臣賢良，相互勸勉而不袒護，這樣才能承受上天的恩德而對國家有益。如果皇帝剛愎自用，誰還進諫呢？這勢必會使那些善於諂媚、阿諛奉承的人得勢，而正直的人便會被日趨疏遠。如果皇帝能確保自己公正聖明，那麼大臣自然會從善，這樣便會國運長久，天下太平。」他勸說順治帝要順應民心，符合大勢所趨。因此，多爾袞死後，順治時期的君臣關係又趨密切。

另外，范文程還屢次上疏，建議舉薦人才應不論滿漢新舊，不拘資格大小，不避親疏恩怨。他認為，舉薦人才，首先看中的應是他的才能，應當實事求是地列舉被舉薦者的實際情況，由皇帝和大臣議定，進行一番核實查對，而且還應當考慮舉薦者的人品如何。這樣，這個被薦人能否適合任命，皇帝自然心中有數，等職位有了空缺，便可加以選用提拔。如果這個被舉薦的人稱職，那麼視其政績大小，同時獎賞舉薦他的人；如果不稱職，同樣視其罪行輕重，懲罰舉薦的人。這種舉薦人才的方法在具體實施中取得了很好的效果，避免了許多官官相護、裙帶關係等官場惡習的出現。

順治帝親政後，一直比較注重加強統治和穩定社會秩序，他非常希望能建立一個比較廉潔、行政效率較高的政府機構。因此，他很重視對吏治的整頓，並經常巡視內三院，宣詔諸臣，進行諮詢。作為內院首席大學士的范文程，每次所做的回答都非常符合皇帝的心意。有一次，順治帝在范文程陪同下巡視內院，看到值班官員寥寥無幾，就問為什麼會這樣。范文程解釋說，由於一些人回家過端午節，所以值班的人就少了。皇帝聽了以後很不高興，說：「大家都想貪圖安逸。而要安逸，就需要先勞苦一番，使國家安定。只有這樣，安樂才能長久。」但他又不願因此而對那些人治罪，便又說道：「人哪能沒有過錯，能夠改正便是美德。成、湯盛德，並不以改過為恥辱。」范文程回答道：「君主聖明，大臣賢良，相互勸勉而不袒護，才能承受上天的恩德，對國家和人民有益。」皇帝說：「說得好！自此以後，我有錯也會改正，你們應當不忘直言敢諫，指出我的錯誤，這才行啊！」

范文程一生所進奏章，多是「動關大計」。他與皇帝議論政事，崇尚簡明扼要，還能一針見血，直言不諱。順治十一年（西元一六五四年）順治帝派官吏到各地檢查用刑是否慎重，范文程直諫道：「以往派遣滿漢大臣巡視各地，都擔心會騷擾百姓，所以停止了，現在各地遭受水旱災害，百姓處於災難之中，應當停止派遣官吏。」順治認為言之有理，便欣然接受了他的建議。

范文程對於那些敢於直言不苟、秉公不阿的臣僚頗為關注。例如當時著名的諫臣魏象樞，因在朝中直言進諫，常常遭到權貴們的嫉視，而只有范文程「心識之」，他說：「直哉，此我國家任事之臣也。」以後遇到捏造罪狀陷害魏象樞的他就當眾揭穿。所以范文程時常因「培養人才，保護善類」被大臣們稱道。

順治帝對范文程的評價也很高。他在諭書中曾說：「大學士范文程任事多年，忠誠不減，朕所依賴。」范文程得病時，順治曾給他以特有的禮遇：順治曾親自調藥賜以范文程；賞賜給他的珍品有的甚至只有皇帝才能享用；范文程身材魁梧，皇帝命令專門替他訂做衣冠，以便使他能穿著合體。諸如此事，「多不勝紀」。

五、功成身退，美名傳揚

順治十一年（西元一六五四年）八月，清廷為了表彰范文程的功績，加秩少保兼太子少保；九月，范文程以年老體衰、積勞成疾為由上疏請求告老還鄉。福臨卻命他「暫令解任調攝」，一俟病痊，「以需召用」，而且還特加升太傅兼太子太師。到順治十四年（西元一六五七年）又恩詔加秩一級，並命畫工畫范文程圖像藏在皇宮內。范文程功成引退，離開朝廷，平安度過了晚年。

順治十四年（西元一六五七年）秋，可能由於太監們的鼓動和慫恿，順治帝在南海，召見了佛教高僧憨璞聰，對他的言談非常欣賞，從此便對佛教產生了濃厚的興趣。順治帝是個性格暴躁、感情脆弱而又多愁善感的人。順治十七年（西元一六六〇年）順治帝所寵愛的董鄂妃突然病死，他痛不欲生，尋死覓活，萌發了消極厭世、出家為僧的念頭。然而，不料出家未成，情緒卻日益消極低沉，次年病死於養心殿，年僅二十四歲。八歲的三子玄燁（即康熙帝）繼承帝位，由索尼、蘇克薩哈、遏必隆、鰲拜四人輔佐。

清聖祖康熙即位後，下令祭祀太宗皇太極之山陵。祭祀時，范文程回想起自己追隨皇太極，襄助多爾袞，智輔順治，出謀劃策，為大清江山付出的一切，竟「伏地哀慟不能起」。

康熙五年（西元一六六六年）八月三十一日，這位為清初江山做出重大貢獻的謀臣安然去世，享年七十歲。皇帝親自為他撰寫了祭文，葬之於懷柔紅螺山（今北京懷柔區），立碑記載其功績，賜謚號文肅。康熙五十二年（西元一七一三年），康熙親筆書寫了「元輔高風」四字作為橫額懸於他的祠堂之上，這是清朝統治者對他在清初作用的最高評價。

范文程一生經歷清初四朝，智輔四帝襄助大清帝業，而且能備受恩寵，這在中國古代政治人物中也屬罕見。究其原因，除了他超然的政治才幹和膽量過人的謀略外，更重要的是他的性格比較豁達，心胸寬廣，不計較名利得失，由此能在各派政治鬥爭中善於保護自己，盡避紛爭，使自己立於不敗之地。不論是知人善任的皇太極，還是獨秉大權的多爾袞，他都以自己非凡的智慧，做到君臣融洽，贏得統治階級的信任，不能不說與其胸襟寬廣有關。在《清代七百名人傳》中曾有這樣的記載：「性謙慎，樂施，氣量淵深，人莫能窺其喜怒。」

范文程在那個時代所能做到的，是為統一的多民族國家盡自己的一份力量。他穎敏沉毅，提倡民族合作、諒解，安定百姓，輕徭薄賦，發展生產，選拔人才，直言敢諫，這對於清朝的建立和鞏固，尤其是在清初形勢比較複雜的情況下，使清恰當地處理好明清、君臣關係上，發揮了不可估量的作用。而努爾哈赤、皇太極、順治、康熙皇帝不囿於民族偏見，重用范文程，委以重任，授與重權，君臣相輔相成，終於成就了大業。由此可見，范文程無愧為清初卓越的政治家。

本文主要資料來源：《清史列傳》卷五，〈范文程傳〉；《清史稿》卷二三二，〈范文程傳〉。

文武兼備叱咤風雲　降清滅明褒貶不一

洪承疇傳

林紅

洪承疇（西元一五九三年～西元一六六五年），字彥演，號亨九，福建泉州府南安縣（今福建南安）二十七都英山霞美鄉（今英都鎮良山村）人。據《洪承疇墓誌》記述，早在盛唐時期，洪承疇的先祖本姓陳，是京北府萬年縣（今陝西西安西北）人，唐玄宗時曾官至太傅，後來，因為得罪了當朝宰相李林甫，謫貶到福建，死的時候被封為國公，謚號忠順。從此，洪承疇的祖先就在福建英都落戶繁衍。

洪承疇的曾祖父洪以詵，是明朝中期的庠生，贈中憲大夫，累贈太傅兼太子太師，武英殿大學士。曾祖母林氏，累贈恭人，一品夫人。祖父洪有秩，曾入選貢生，為當地人所推重，後累贈資政大夫、兵部尚書兼都察院右副都御史。父親洪啟熙，也為庠生，性格莊重，以孝子聞名鄉里，後來累贈資政大夫、兵部尚書兼都察院右副都御史。累封，是由於洪承疇在明清兩朝官位顯赫，因此恩及父母、祖上跟著受封贈。

一、嶄露頭角，總督陝西三邊

萬曆二十一年（西元一五九三年）九月二十二日，洪承疇出生於外祖父傅員外家。那時，因為家境貧寒，父親外出謀生。不久，由於當地的風俗偏見，洪承疇隨母搬回家中。

洪承疇的母親傅氏讀過書，知書達理，教子極嚴。他從小在母親的教導下，攻讀詩書，聰明好學。據說八歲那年，洪承疇的外公傅員外去世，母親帶他去送殯，主持喪事的人問他們有無祭文，母親搖頭，他卻張口說有。進入靈堂，他向外公的靈位恭敬地跪拜行禮後，就振振有詞地唸道：

神風呼請上大人，子孫跪拜孔乙己，
金銀紙錢化三千，豬頭禮品乃小生。

這個祭詞是套用《三字經》的句子，無驚人之處，但作為八歲的孩子能出口成章，足見其思維敏捷。

洪承疇童年時家境並不好，不到十一歲便輟學回家，幫助母親做豆腐乾。他經常到一個叫水溝學館的附近叫賣，生意不錯。有一天，洪承疇去那裡賣豆腐乾，學館裡幾個學生圍攏來，每人買了一塊。洪承疇要他們多買一塊，學生們愁眉苦臉地說，先生要他們對對子，他們還沒對出來，不敢多耽擱。洪承疇便答應幫他們對對子，但每人必須多買一塊豆腐乾。這天，學館的先生看了幾個學生對的對子，很滿意，連聲稱道。這件事便在學生裡漸漸傳開了，請洪承疇幫助對對子的學生越來越多，他的豆腐乾也不用再到別處賣了。這時，學館裡的先生見他的學生作對子總要出去一趟，便產生了懷疑。一天，他就拉著一個學生當場對對子，學生答不出來，只好承認是個賣豆腐乾的小孩幫他對的，先生便立即讓人把洪承疇叫來，他見洪承疇樣子很聰明，瞭解到是因為家境貧寒不能繼續讀書，就想試試他的才思，於是出了一副對子的上聯讓他對。先生指著桌子的硯臺說：

硯臺長長，能賦詩文百篇。

洪承疇看著他自己賣剩的豆腐，很快答道：

豆腐方方，猶似玉印一章。

先生聽了很高興，就又出了一副對子的上聯：

白豆腐，豆腐白，做人清正博學學李白。

洪承疇明白，既然先生倒過來以豆腐為題，他就應以硯臺作答，於是就隨口應道：

黑硯臺，硯臺黑，為官鐵骨叮噹當包黑。

先生聽了，覺得洪承疇不僅有天分，而且抱負不凡，就去找他的母親，勸她送孩子上學，並答應不收學費。洪承疇就這樣又進了學館，並很為先生所器重，成為他的得意門生。

洪承疇在水溝學館一學就是五、六年，學業進步很快。據說，學館先生後來要去京師應考，就把他推薦到了泉州城北學館讀書。二十三歲那年，也就是萬曆四十三年（西元一六一五年），洪承疇考中第十九名舉人。第二年，他又連捷中二甲第十七名進士。

洪承疇的青年時代，正是明由盛入衰的時代，朝政吏治十分腐敗，土地高度集中，農民流離失所，社會動盪不安。一般而言，封建社會的衰世之臣，大多成為貪官汙吏，或與奸佞之臣同流合汙。當時也有一些有識之士，想用自己的政績改變這種衰敗的局面。洪承疇便屬於這種人。二十四歲那年，洪承疇便中進士，被選用刑部江西清吏司署郎中事主事；隨後又任刑部貴州清吏司署員外郎主事；接著又改任刑部雲南清吏司署郎中事主事。他先在刑部任事六年，在當時腐敗的官僚機構中，洪承疇大概也難顯其才能。直到天啟七年（西元一六二七年），三十五歲的洪承疇才被擢至陝西布政使參政。

洪承疇初到陝西，正是農民起義蓬勃興起、官軍四處圍剿的時候。崇禎二年（西元一六二九年），陝西清澗農民王左掛率起義軍進攻耀州時，洪承疇率領一部分官員聯合本地鄉勇一萬餘人，把這支起義軍圍於雲陽，迫使這支農民起義軍乘雷雨之夜才突圍出去。洪承疇的才能由此初露頭角。在當時各將領剿撫失策、屢戰屢敗的情況下，洪承疇的這次勝利自然引起了明廷的重視。崇禎三年（西元一六三〇年），洪承疇被任命為延綏巡撫，崇禎四年（西元一六三一年）再升為陝西三邊總督。崇禎七年（西元一六三四年）任兵部尚書，總督河南、山西、陝西、湖廣、保定、真定等處軍務，同時仍兼總督三邊之職，成為鎮壓農民起義軍的主要軍事統帥，自然也就成了陝、魯、豫各省農民軍的死對頭。他所率領的明軍，成為明朝最得力的一支部隊，也是崇禎一朝最可倚重的兵力，被人稱為「洪兵」。

短短的二年時間，洪承疇從一個糧通參政晉升到三邊總督，升遷之快是前所未有的。這一方面是形勢的需要，當時陝西農民起義風起雲湧，對明王朝來說，社會動盪已呈不可收拾的局面，而且明軍紀律敗壞，無戰鬥力，無法對付農民軍的衝擊。另一方面陝西農民起義處於初發階段，一呼百應，沒有嚴格組織起來，缺乏戰鬥力，而洪承疇實行了以剿為主、剿撫兼施、各個擊破的方針，殘酷鎮壓了許多起義軍。殺王左掛便是一個很好的例證。王左掛是陝西最早的起義將領，崇禎元年（西元一六二八年），聚眾萬餘人起兵宜川，曾被洪承疇圍困於雲陽，後來乘雷雨逃出。此後又在懷寧河再敗。於是在崇禎三年（西元一六三〇年）春，向明朝請降。李自成當時就在王左掛部下，他和一些頭目對王左掛受降不滿，就率眾自謀出路。王左掛受降後，並沒有真心事明，暗中謀劃再起。洪承疇看到王左掛三心二意，準備謀叛，便在同年八月，同陝西巡撫李應期、總兵杜文煥設計將王左掛等九十八人全部殺害。

洪承疇在進剿農民起義軍的同時，還派出間諜混入農民軍，施用反間計，致使農民軍的動搖分子降明；同時一些農民領袖因叛徒的出賣而被殺。洪承疇見勝利在望，便從投降的農民軍裡，拉出四百名比較強壯的，加以殺害。洪承疇殺降之後，陝西農民起義軍暫時被鎮壓下去了。

崇禎八年（西元一六三五年）後，農民起義軍逐漸合小股為大股，英勇作戰，聲東擊西，戰鬥力有了很大提高，洪承疇企圖消滅農民軍主力於河南的陰謀未能得以實現。農民起義軍進入陝西後，洪承疇召集得力大將召開軍事會議，部署剿殺農民起義軍的命令，但是幾次出師均失敗。洪承疇手下的悍將曹文治主動請纓，誓與農民起義軍決一死戰。但是由於他對農民軍的實力估計不足，加上他急於報仇，於是帶他的侄兒曹變蛟匆匆率眾三千人，進擊農民軍，在真寧（今甘肅正寧）縣東地區和農民軍發生遭遇戰。農民軍採取誘敵深入、分而治之的戰略，使曹文治四面被圍，被迫拔刀自殺。曹變蛟突圍逃脫，但是官軍損失慘重。曹文治「勇毅而有智略」，是洪承疇手下最為得力的戰將。洪承疇得報後，竟「為之仰天慟哭」，一度龜縮在西安不敢出來。

曹文治的死，使明廷看到這樣一個現實：僅僅陝西一省，就把洪承疇弄到這個地步，再讓他兼管河南、山西等地軍務，勢必顧此失彼。於是崇禎帝便決定以潼關為界，關外軍務由湖廣總督盧象昇總理，洪承疇「專督關內兵」，固守陝西三邊，對以李自成為首的起義軍實行重點圍攻。

洪承疇受命後，親自率領大軍擊敗李自成於陝西渭南、臨潼。崇禎九年（西元一六三六年），他率部二萬餘人出擊李自成等部，隨後又調集總兵左光先和柳紹宗合擊農民軍，在乾鹽池（今屬寧夏海原縣）大敗起義軍。崇禎十一年（西元一六三八年）十月，李自成起義軍北行入陝後又進入甘肅。洪承疇又命曹變蛟率部追擊。農民軍處處失利，陷入被動狀態。後來洪承疇採用四面出擊各個擊破的方針，使李自成起義軍陷入包圍之中。洪承疇從此更得崇禎帝信任。

崇禎十一年（西元一六三八年）初，滿洲清軍入犯京畿，北京告急。洪承疇奉命率左光先、馬科等部將出潼關，到北京參加防衛。洪承疇在陝西鎮壓農民起義，歷時十年，到此結束。

二、經略遼東，兵敗降清

就在洪承疇、盧象昇等在陝西大肆鎮壓農民起義軍之時，東北的滿洲（包括其前身的女真）迅速壯大，對明王朝造成嚴重的威脅。

十五世紀中期，中國大陸東北的一支建州女真，輾轉遷到了遼東長城外，過著農耕和畜牧、漁獵生活。十六世紀後期十七世紀初期，建州女真的傑出領袖努爾哈赤，逐步統一了女真各部，於西元一六一六年正式建立金朝，改元天命，這就是歷史上的後金。

後金天命三年（西元一六一八年）努爾哈赤率二萬大軍，以對明朝的「七大恨」為檄文，大舉進攻駐有明軍的撫順城。明軍措手不及，撫順城被後金軍隊占領，明游擊李永芳向努爾哈赤投降。

接著努爾哈赤又擊敗來援的明軍，明總兵張承胤參將蒲世芳陣亡。第一次交戰，後金軍便把明軍打得大敗。撫順、清河相繼被攻陷。明王朝聽到撫順之敗，十分恐慌，在朝中有識之士的建議下，決定成立山海關鎮，派六千兵眾防守。

明派新任命的遼東經略楊鎬到山海關部署對後金作戰。明軍雖然聚集了十萬軍隊，但是統帥並不精明，作戰方案比較守舊；而那時的後金正在興起，朝氣蓬勃，統帥者有勇有識。雙方在薩爾滸（今遼寧撫順東大夥房水庫一帶）展開激戰。結果後金大敗明軍，而且此次戰役成為中國歷史上一次有名的以少勝多的戰役。明朝主將楊鎬，因戰敗被捕入獄，定為死罪。

薩爾滸之戰明軍的失敗，說明新興的後金勢力已相當強大，戰鬥力很強，在之後短短的時間裡，後金連續攻克了東北重鎮開原（今遼寧開原老城）、鐵嶺等地，勢力日益強大。雖然明朝在東北連失重地，但並不想就此放棄東北的領土。萬曆四十七年（西元一六一九年）三月，薩爾滸之戰後，明朝又任命熊廷弼經略遼東。熊廷弼原為監察御史，曾巡按遼東，後因涉及黨爭，落職在家。此人文武全才，有膽有識。儘管此次上任時遼東形勢已經惡化，但他還是有雄心壯志，要逐步收回失地。就在他厲兵秣馬，準備對後金發起進攻時，明熹宗即位。熹宗一朝由宦官魏忠賢當權，政治更加混亂黑暗，御史馮三元等彈劾熊廷弼欺君，妄稱不罷免熊，遼東便不能保。雄心勃勃的熊廷弼終於在彈劾聲中交還尚方寶劍，辭去了職務。明朝以袁應泰代熊廷弼為經略，以致明兵在遼瀋的設防更加薄弱了。

努爾哈赤卻率領後金軍隊長驅直入，接連攻克了遼陽、瀋陽，整個遼東便為後金所控制。形勢的嚴峻迫使明廷考慮對策，重新起用熊廷弼。但是，同時出任的兵部尚書張鶴鳴、廣寧巡撫王仕貞卻與熊廷弼在軍事上各持一端，致使明朝軍隊節節敗退，使後金輕而易舉地攻占了廣寧。熊廷弼再次入獄。

天啟五年（西元一六二五年），努爾哈赤決定遷都瀋陽，顯示出其目的並不只是滿足在東北地區的勝利，而是想尋找機會入關，入主中原。明王朝對山海關的鎮守則尤為重視，兵部侍郎王在晉被任命為經略山海關，但是諸將內部紛爭很多。然而其中，袁崇煥初露頭角。後金天命十一年（西元一六二六年），努爾哈赤率大軍進攻寧遠城，城中守將總兵滿桂、參將祖大壽和袁崇煥一起，誓守寧遠，他們同努爾哈赤的十三萬大軍展開激烈的戰鬥，使後金軍遭到嚴重損失，兵員死亡很多。這是努爾哈赤起兵以來所未曾遇過的，而且損失也是前所未有的。努爾哈赤只好帶領殘兵敗將，滿懷憤恨地返回瀋陽。由於心情鬱憤，八個月後便病逝了。

寧遠的勝利給明軍很大的鼓舞，這是自遼戰以來第一次戰勝努爾哈赤。之後，袁崇煥正確估計了明與後金的力量對比，沒有對後金發動突然進攻。天聰元年（西元一六二七年），明軍在袁崇煥的指揮下，又取得了「寧錦大捷」，使後金軍隊被迫撤回瀋陽。但是此次大捷使袁崇煥在朝中樹敵太多，不久被革職。崇禎帝即位後才被重新起用。但是崇禎二年（西元一六二七年）時，後金軍繞道古北口入長城，進圍北京，袁崇煥星夜入援。皇太極實行反間計，假說袁同後金關係密切，一向多疑的崇禎帝便信以為真，將袁逮捕下獄，處以死刑。率師回援的錦州總兵祖大壽聽說後大為驚駭，慌忙帶兵逃回錦州。明軍再失大凌河。

崇禎九年（西元一六三六年）、崇禎十一年（西元一六三八年）皇太極率軍兩次伐明，矛頭直指京師。第二次入關總計搶掠二千里，歷時五個月，破城達七十餘座。清軍掠奪到大量財富和人口後實力大增，明王朝卻備受損失。北京始終處於危急之中。幾年時間，明朝歷任經略，不是戰死，便是因內部矛盾被革職或殺害，無一人落得好下場。洪承疇就是在這種情況下奉命入京的。

崇禎十一年（西元一六三八年）九月，清軍在睿親王多爾袞率領下，又一次起兵入關，分路進攻北京附近城鎮，擊斃明朝前遼總督吳阿衡於密雲，明朝京師又一次受到威脅。崇禎帝慌忙調集各地兵馬入援京師，其中便有洪承疇。崇禎十二年（西元一六三九年）正月，崇禎授洪承疇兵部尚書兼副都御史總督薊遼軍務。

那時，清軍在劫掠河北、山東之後，已回到瀋陽。皇太極迫切希望實現入主中原的願望，但考慮到以滿洲一個少數民族來統治偌大的漢族和其他民族，就現有的人數是不可能的。而且，即使占領了北京，也很難有足夠的力量控制全國其他城市。根據以往的經驗教訓，皇太極認為必須創造條件，積蓄力量。他決定首先攻占明軍在山海關外的軍事據點，然後再攻占山海關，奪取北京。於是下決心組織松錦戰役，因為明軍的精粹基本上集中在寧錦一線，如果把這部分明軍消滅，進關當不會遇到太大的困難。

崇禎十三年（西元一六四〇年）三月，皇太極命令清軍到義州（今遼寧義縣）築城屯田，準備對明朝關外重鎮錦州實行長期圍困。四月底，皇太極還親自到義州巡視，之後又到錦州城外察看地形，部署包圍錦州的兵力。洪承疇急令前鋒總兵祖大壽、遼東總兵吳三桂等扼守錦州、松山，後來又調宣府、大同總兵王樸、楊國柱，薊鎮總兵唐通，榆林總兵馬科，援救錦州。當時錦州已處於清軍的重重包圍之下。洪承疇紮營固守，又時而出兵與清軍交戰。由於洪承疇指揮得當，明軍還略占優勢，但是始終未能打破清軍的包圍，形勢發展仍很嚴重，錦州守將祖大壽一再告急，明廷決定由洪承疇率主力出關解困。

洪承疇主張步步為營，且戰且守。待敵自困，一戰解決，採取「持久之策」。而兵部尚書陳新甲，以兵多餉艱為由，力主速戰速決，而且他提出如果明軍長期在關外駐而不戰，容易被清軍牽著鼻子走。因此他建議十萬多明軍即刻出關，等到擊敗清軍後，立刻回防，這樣就不會存在「兵多餉艱」的問題。由此，崇禎帝改變了原來的態度，不支持洪承疇的意見，密令他即刻出兵。

洪承疇被迫於崇禎十四年（西元一六四一年）七月二十六日誓師寧遠（今遼寧興城），率領吳三桂、曹變蛟、白廣恩、馬科、王廷臣、楊國柱、王樸等總兵，步騎十三萬，救援錦州。松錦戰役進入關鍵性的第二階段。在這一階段中，雙方準備的時間都很長，彙集的兵力也十分雄厚，這場戰爭的勝負直接影響到雙方的前途和命運，所以戰鬥一開始，雙方就打得很激烈。從七月二十八日到八月十日，經過緊張的爭奪戰，明軍控制了松山至錦州之間的制高點乳峰山，並與錦州守軍協同作戰，對清軍實行夾擊。清軍被迫固守待援。這時馬紹褕建議洪承疇「乘銳出奇」，張斗也建議要防止清軍抄其背後，但是洪承疇十分輕蔑地拒絕了這些正確意見，說：「我當了十二年的督師，難道還不如你們書生知道的多嗎？」就這樣，明軍失去了最有利的決戰良機，並給清軍留下了可乘之機。

清軍被迫固守時，皇太極決定派八旗兵來增援松山清兵，並決定帶病親自到松山督戰。原打算八月十一日啟程，後因鼻出血，只好後延三天，雖仍流血不止，但他顧不上這些，決定立即出發，率領三千名騎兵，縱馬飛馳，晝夜兼程，十九日便到達松山。皇太極到達松山後，立即命令拜伊圖、英額爾岱、科爾沁、土謝圖等親王所部在松山、杏山紮營，實行對松山的包圍，並且針對洪承疇布陣的疏漏，指揮清軍，只用一天的時間，就掘出從錦州西面往南直通大海的三條壕溝，把明軍圍困起來，切斷了明軍松山、杏山之間的通道，使明軍聯繫中斷。

開始，清軍挖壕溝，洪承疇並不知道，當他們發現被圍困時，軍心便動搖起來。洪承疇接連寫了十多份奏疏，高趙潛因怕洪承疇有功，便不給傳遞，使奏疏不能上達。在這種情況下，明軍想突破清軍鑲紅旗營地，與清軍展開了激戰。清軍由皇太極親自督陣，奮勇阻擊，明軍突圍未獲成功。而同時清軍將領阿濟格乘明軍無備，突然攻入松山南面的筆架山，奪得了明兵大批屯糧。明軍後路被斷，屯糧被奪，陷入困境。

為了穩定軍心，洪承疇召開緊急軍事會議，他分析了明軍面臨飢餓和退路被斷的嚴重形勢後，認為只有次日就展開決戰，才有獲勝的希望。他決定親臨前線，指揮全體將士血戰。可是，明軍將領意見分歧很大，爭論不休。有的主張明日再戰；有的主張今晚就戰；多數人主張先突圍到寧遠就糧，再待機反攻。洪承疇深感形勢危急，但多數將領已無鬥志，矛盾重重，畏敵如虎，洪承疇只好兵分兩路，乘夜突圍。

由於大同總兵王樸貪生怕死，率部於當晚逃跑，打亂了原先的突圍計畫，其他各將也隨之競相逃走。於是突圍變成了爭先恐後的逃命。而且，沿途又遇上清軍伏擊，傷亡慘重。首先逃出的幾支清軍幾乎全軍覆沒，吳三桂、王樸、白廣恩、唐通、馬科等和六鎮殘兵，突圍後逃入杏山。監軍張若麒乘船從海上逃到寧遠，只剩下總兵曹變蛟、王廷臣和遼東巡撫邱民仰沒有逃跑。他們撤入松山城，決心同洪承疇只守松山。為了保存一部分實力，在此之前，洪承疇決定留三分之一人馬守松山城，其餘三分之二由吳三桂、曹變蛟、白廣恩等六位總兵率部突圍，企圖沿海岸線南逃，但突圍的明軍遭到清軍的攔截，數萬人被趕入海灘，又正遇海水漲潮，逃脫者僅二百多人。

明軍主力大勢已去，清軍取得了決定性的勝利。從九月初開始，松錦戰役進入了最後一個階段。當時明援兵十三萬，幾乎全被沖垮，留在松山城中只有一萬餘人，而且糧食斷絕，戰、守都十分困難。但崇禎帝下令死守，還要「乘機突圍」。而松山本彈丸之地，既無兵力又無糧草，死守亦難持久，突圍談何容易。崇禎帝既已下令，洪承疇也決心死守，不和清兵交戰。但是松山周圍滿布清營，外援完全斷絕，明廷在短期內拼湊足夠的援兵也是不可能的。松山之敗，明朝損失巨大，僅兵馬器械就損失達十分之七；更重要的是明朝腐敗已極，朝臣不顧國家安危，只是應付公文，不辦實事。固守松山城中的洪承疇，曾組織力量突圍，但由於兵力不足，先後幾次都沒有成功。洪承疇見援兵無望，突圍不成，就只好閉城緊守。其實是在毫無辦法的情況下，束手待斃而已。

崇禎十五年（西元一六四二年）二月，松山副將夏承德暗中降清，約定十八日夜配合清軍攻城。第二天清晨，夏承德率部眾捉住洪承疇和諸將領，獻與清軍。這樣，清軍毫不費力地就攻入松山，得到了洪承疇和明朝諸將。據民間傳說，洪承疇在城破時乘馬逃跑，馬失前蹄跌倒，而被清軍捉住，至今在松山南城崗還有「馬失前蹄」處。

捉到洪承疇後，皇太極下令將洪承疇、祖大樂解往瀋陽，其餘邱民印、曹變蛟、王廷臣及其部二百多人，連同所部三千多人都被處斬。他還下令將松山夷為平地。松山既已攻破，清立即調兵進攻錦州。明守軍看到松山兵敗，士氣瓦解，況且城內彈盡糧絕，而朝廷又無力救援，於是，祖大壽在皇太極一再招降下，率二千餘人獻城投降。

清軍占領錦州以後，便把目標投向尚在明軍手中的塔山和杏山。清軍仍採取挖壕溝的辦法，圍困明軍，同時，皇太極多次下詔，勸兩城的明軍將士投降，均遭到拒絕。四月八日，多爾袞率軍對塔山發動進攻，次日，便將明軍七千人全部殲滅。十幾天後，清軍又攻打杏山，明將請降。至此，歷時兩年之久的松錦戰役終於以清軍的勝利而告終。明朝在關外的城池要塞，除寧遠外，全部落入清軍手中，大批火器、糧食等物資被繳獲，從此，明朝就喪失了山海關外的防禦優勢，也失去了鎮壓農民軍的主要力量，因而加速了滅亡的進程。

洪承疇是明朝的重臣，朝中文武對他寄予很大希望，而皇太極要入主中原，更需要他這樣具有文韜武略的定國安邦大臣，所以能否得到洪承疇的忠心歸順，就成為結束松錦戰役後的頭等大事。

洪承疇被送到瀋陽後，據說被幽禁在大內大清門左邊舊有的三官廟內，距宮門很近。清廷一再勸降，洪承疇堅絕不從。勸降的滿將，見洪承疇怒目而視，死不開口，一怒之下，便要舉刀砍他，他竟「延頸承刃，始終不屈」。於是皇太極改變方式，用逼辱和虐待來消磨他的意志，將他拘鎖於北館，不給糧食吃，只給菽水喝。洪承疇決心絕食，「米漿不入口者七日」，但仍然「求死不得」。

皇太極為此廢了很大力氣，他派了漢族政治家范文程前去勸降。范文程與洪承疇山南海北，談古論今。說話間，樑上積塵飄落於洪承疇衣襟上，洪承疇幾次撣去。范文程見此情景，便對皇太極說：「洪承疇不會死的，他愛惜自己的衣服尚能如此，何況自己的生命呢？」後來，皇太極親自去看望洪承疇，並且解下自己的貂皮大衣披在洪承疇身上，洪承疇深受感動，並當即叩頭降清。皇太極非常高興，立即下令大擺宴席慶賀。許多大將都不高興地說：「洪承疇僅僅是一階下囚，為什麼要如此恩重地對待他呢？」皇太極便說：「我們櫛風沐雨，究竟是為了什麼？」眾人說：「得取中原吧。」皇太極便笑著說：「得取中原，我們都好像是瞎子，現在有一個引路的，難道不好嗎？」這樣一說，眾臣都心悅誠服。洪承疇被招降，一方面是皇太極招降政策的結果，另一方面，洪承疇也從皇太極禮賢下士和寬廣的胸懷中，看到清朝有可能成功，而腐敗的明朝已很難重振基業。

崇禎十五年（西元一六四二年）五月四日，洪承疇同意剃髮，正式降清。清廷怕他反悔，當天夜裡就給他剃了髮。第二天下午，皇太極命明朝降臣、降將洪承疇、祖大壽、祖大樂、夏承德、祖大弼等入見。他們當眾「三拜於庭，九叩頭」，正式向皇太極稱臣投降。

洪承疇的歸降是明朝意想不到的。先是由洪的一個家人回來報信，說洪被俘後，「義不受辱，罵賊不屈」，已被清軍殺害。由於洪承疇在明廷有很高威望，松山戰敗又是兵部尚書陳新甲從中掣肘，明廷對洪承疇十分同情。崇禎帝對此很關切，一聽到洪承疇壯烈殉節，「痛哭遙祭」，準備隆重祭奠。直到明亡後，洪承疇隨多爾袞入關，明人才知他尚在人世，不禁搖頭嘆息：「蒼素變於意外，人不可料如此。」

洪承疇的家人似乎也很難接受這個事實。《清代軼聞》一書記載，洪承疇降清後，將其母由福建接到北京。他的母親見洪承疇後大怒，還用枴杖擊打承疇，「數其不死之罪」。還說：「你迎我來北京，是讓我也當一名旗下的老侍女嗎？」並且舉杖便打，聲稱要為民除害，洪承疇「疾走得免」。

《清代軼聞》中還記載了這樣一件事，明末上海附近有個叫沈百五的人，家資甚富，早年曾接濟過洪承疇，洪承疇感恩戴德，稱呼沈為伯父。後來洪承疇鎮壓山東、河南農民起義軍時，淮河運糧中斷，沈百五曾傾盡家財，為洪承疇「運糧數千艘」。為此，曾授沈百五戶部山東清吏司郎中。幾年後，洪承疇降清，但沈百五不願與之為伍，跑到上海，想爭取援兵，被清兵抓獲，洪承疇前往沈處勸降，沈百五故意裝作不認識他，說：「我的眼睛已經瞎了，你是誰？」洪承疇回答道：「我是小侄承疇啊，伯父難道您忘了？」沈百五大聲說：「我所知道的洪承疇恩受皇帝寵愛，已為國捐軀很長時間了，你是什麼人，難道也想讓我不仁不義嗎？」而且還抓住洪承疇的衣襟猛扇幾記耳光，洪承疇當時笑著說：「鐘鼎山林，各有天性，不可強也。」最後將沈百五遣送到南京，在清橋下殺了他。

從中國歷史上看，歷代改朝換代，新王朝接納舊王朝有作為的大臣擔任重要職務，本是司空見慣的事。而洪承疇作為漢人建立的明朝的重臣，投降滿洲貴族建立的清朝，則難以擺脫眾人的非議。因此，作為少數民族的政權，清朝在初建時，漢臣降之，仍為不可原諒之舉。洪承疇降清，也就很自然地引起一些明朝遺臣的譴責與非難。

洪承疇降清後，皇太極雖然對他恩養有加，但由於「不強令服官」，所以，在皇太極時期，一直沒有給洪承疇委任官職。洪實際上也沒起太大的作用。皇太極死後，多爾袞攝政，洪承疇才逐漸受到重用。

三、助清入關，建功立業

洪承疇降清一年多以後，崇德八年（西元一六四三年）八月九日，皇太極突然去世，年僅五十一歲。由於事出突然，事先沒立皇太子，這樣，必然發生爭奪皇位的鬥爭。皇太極的長子肅親王豪格和皇太極的弟弟睿親王多爾袞，是帝位的主要競爭者。但是，經過激烈的鬥爭後，年僅六歲的皇太極第九子福臨卻繼承了帝位，由睿親王多爾袞和濟爾哈朗共同輔政，改元順治。很明顯，這是滿洲貴族各派政治勢力之間為避免內部分裂所達到的妥協。順治的即位，使得清朝統治者的注意力，重新投向了關內。

順治元年（西元一六四四年）三月，李自成大順軍攻占北京，崇禎帝自縊。但是當時的清朝尚未得到確報。在大順軍向北京迅猛進軍時，范文程曾上書多爾袞，指出明亡已是大勢所趨，「我國雖與明爭天下，實與流寇角也」。根據當時的形勢，他提出「進取中原」的大計和進取的方針政策。遇事敏捷果斷的多爾袞，立即覺察到時間的緊迫，數日之內，急聚軍馬。四月七日，清廷決定大舉南伐。

四月九日，由攝政王多爾袞親自出馬，豫郡王多鐸、武英郡王阿濟格、恭順王孔有德、懷順王耿仲明、智順王尚可喜等均率軍前往。這次出動的隊伍空前龐大，滿洲蒙古的八旗兵出動了三分之二，漢軍八旗則全部出動。洪承疇也隨軍前往。四月十三日，清軍抵達遼河，明山海關總兵平西伯吳三桂遣副將楊坤向清軍乞降。多爾袞此時已獲知李自成攻占北京和崇禎帝已死的消息，他決定向洪承疇諮詢軍事。洪承疇分析了當時的形勢並提出了對策。首先，他繼范文程之後，提出清軍入主中原，要安撫百姓，嚴明軍紀，以爭得人心；在安撫的同時，對反抗者要嚴厲鎮壓。當然，值得肯定的是，他提出對抗拒的府、州、縣「城下之日，官吏誅」，而「百姓仍予安全」。這是為了爭取民心，對人民客觀上也是有益的。其次，他對農民軍受到清軍攻擊後的去向，做了較符合實際的估計，並提出了具體鎮壓農民軍的方案，建議清軍迅速進軍，以快速包圍京師，剿滅農民軍。最後他還提醒清朝最高統治者，農民軍比明軍多，不可輕視，因此不要大意。

從當時來說，洪承疇的進言對多爾袞是很有用的。多爾袞採納了他的建議。山海關大戰後，洪承疇便根據他的主張，起草了多爾袞向明朝軍民發布的出師告示。在告示中，洪承疇把清軍說成是救國救民的仁義之師，號召滿漢地主階級聯合鎮壓農民軍。在北方，這個號召得到了漢族地主階級的響應，「竄匿山谷者爭還鄉迎降，大軍所過州縣及沿邊將吏皆開門款附」。

五月二日，清軍進入北京。此時，面對北京城內民心不安的形勢，多爾袞採納了范文程、洪承疇等人的建議，安撫百姓，「不屠人民，不焚廬舍，不掠財物」。對於那些歸降過大順政權的明朝官吏，也官復原職，對於降清的漢族文武官員，都升級任用。由此爭取了明朝降官和漢族地主的支持，並且為明崇禎皇帝發喪，從而利用了普通市民懷舊的心理，得到了他們的贊同。另外，為安定民心，清朝入關後，宣布取消明末的加派。這樣，在一系列措施相繼實施後，北京城終於安定下來了，並且博得了統治階級的歡心，多爾袞能夠採取上述一系列措施，主要是他周圍的漢臣在起作用，尤其是范文程和洪承疇兩人所發揮的作用最大。

清軍占領北京後，曾進行分功賞爵，洪承疇奉命以太子太保、兵部尚書兼都察院右副都御史原御入內院佐理機務，為祕書院大學士。還在皇太極時，清朝就仿照明朝內閣，設立內三院，即國史、祕書、弘文三院，每院設大學士一人、學士二人。內國史院負責記錄皇帝起居詔令，收藏御制文字，編纂史冊及歷代實錄。內祕書院負責撰擬致外國往來書禮，錄各衙門奏疏及皇帝敕諭。內弘文院負責注釋歷代行事進講，並頒行制度。內院大學士與機要，起著皇帝助手和參謀祕書的作用。內三院實際上還是原來文館的擴大，從地位上看，內三院比六部低。

多爾袞入京時，洪承疇實際上已在內院協助多爾袞辦理機務，他發現內院所辦的都是些關係不大的事，從加強中央集權的角度看，應當提高內院的權力，才能協助多爾袞處理好朝政。所以他便向多爾袞進言，提出恢復明朝的內閣票擬制度，也就是內外文武官員的奏章和各部院覆奏的本章，都要通過內院，由內院根據所奏情況，擬定辦法，再送呈皇帝，由皇帝批改後，仍回到內院，再由內院發到六科，由六科去抄發各部院。如果發現問題，大學士就能有所指陳，六科也可據以摘參，達到防微杜漸的目的。此建議的實質是要使內院成為皇帝之下的最高權力機構，即相當於明朝內閣。從當時來看，這是有利於加強清朝統治的。多爾袞也比較倚重內院大學士，很信任他們，幾乎和他們天天在一起議論軍國大事。大學士中最有影響的就是洪承疇。但是在多爾袞執政的時代，內三院並沒有成為皇帝之下的最高權力機構，而只是一個沒有實權的顧問班子，這當然與多爾袞對漢人的防範是分不開的。

為安定北京的秩序，洪承疇還會同馮銓上本，對北京的緝察工作提出具體的建議。他認為應該參照明朝舊例，在京郊設巡捕營，配備兩員參將，將東、西兩營改為南、北二營。把總十員，巡邏兵丁一千七百名，這樣，京城外三四十里，都可巡邏到。另外，對於巡兵的供給也提出了具體的建議。他們所上的這本奏文，對清初鞏固中央政權在北京的統治和安定社會秩序，都是很重要的。

早在崇德八年（西元一六四三年）八月二十六日，福臨在瀋陽就已繼帝位，但在入關後的順治元年（西元一六四四年）十月初一，福臨再次舉行登基大典。這是為什麼呢？原來多爾袞和內院大學士范文程、洪承疇考慮到，無論是皇太極的即位，還是福臨在關外的即位，都只能說明，他們是中國東北地區的一個民族政權的最高統治者。儘管清朝再強大，但統治的地區也很有限，誰也不會認為（包括他們自己）他們是中原的統治者。而福臨入關的登基就不同了。他是在元明兩朝的都城登基，這就說明他所統治的範圍不再是偏於一隅，也不僅限於北京、河北地區，而是要「定天下」，也就是要統治整個大陸。因此，福臨的第二次登基非常重要，無論對他本人還是對清朝來說，這次登基的意義遠遠超出第一次。洪承疇等漢族內院大學士為籌備登基大典積極參與其事。奏定郊祀、宗廟、社稷樂章等，使福臨在北京的登基儀式，完全按照中國五朝的登基制度進行。告天之禮結束後，福臨便正式成為入關後的清朝皇帝，也成為整個中國的最高統治者。

為了進一步加強滿漢地主階級聯合統治的基礎，幫助滿族統治者學習漢族地主階級豐富的統治經驗，洪承疇積極勸導滿洲貴族尤其是最高統治者順治帝帶頭「學漢文，曉漢語」。針對滿族篤信藏傳佛教的情況，洪承疇一再提醒順治，要倡導儒家學說，不要把藏傳佛教與儒家學說相提並論。像金世宗和元世祖那樣，以儒學為師，「博綜典籍，勤於文學」。使「上意得達，下情易通」。

洪承疇在這時期還參加了撰修《明史》的工作。順治二年（西元一六四五年），洪承疇和馮銓、李建泰、范文程等奉旨總裁《明史》。但是由於明朝晚期的資料缺乏，洪承疇等對編明史也有顧慮，所以這次修史成效不大。

洪承疇在京佐理機務，為多爾袞出謀劃策制定典章制度，建立封建統治秩序；而且，他還利用自己在前明的舊關係，舉薦了許多原來的明臣出任清朝的官職。順治帝還特別鼓勵洪承疇進言，並且傳諭：「凡有所奏，可行即行。縱不可行，朕亦不爾責也。」這說明洪承疇已日益得到清廷的信賴和重用。多爾袞重賜洪承疇貂皮朝衣、貂褂、銀兩、莊園、奴婢及牛馬等物。與他同時得到賞賜的還有八旗的固山額真內院大學士和六部尚書等官。但這些人每人的賜物只有一匹馬，同洪承疇的所得無法相比。在整個清軍入關的過程中賜給降臣的物品很多，但像洪承疇這樣一次得到如此多的賜物很罕見。這一方面說明洪承疇對清軍入關做出了巨大的貢獻，同時也說明多爾袞很賞識他為官的才幹和作風。

四、剿撫並用，平定江南

多爾袞完成福臨在京的登基大禮後，就著手籌劃統一中國的行動。十月十九日，多爾袞派英王阿濟格率三萬清軍征討大順軍。之後，又派豫王多鐸為定國大將軍率二萬多清軍收取江南。派出兩支人馬的目的就在於消滅農民軍和南明勢力，一統中國。但由於大順軍反攻迅猛，使清軍改兩路進攻為先殲滅農民軍再討南明。由此，清軍勢力大增，大順軍連連失利。順治二年（西元一六四五年）二月，多鐸率軍向南京進發，他們先入河南，攻占了南明在河南的州縣，緊接著又繼續南下。到四月中旬，迫近南明的重要城市揚州。

南明政權是在清軍進入北京時建立起來的，崇禎帝吊死煤山消息傳到江南的時候，南京的明朝官吏，以南京兵部尚書史可法為首，發布檄文，號召各地勤王。同時，他們也在考慮明王朝繼承人的問題。崇禎的兒子沒有逃出北京，他們只能從藩王中挑選。那時陸續逃到南京的藩王有潞王、周王、魯王、福王等，其中福王是明神宗的直系子孫。但福王朱由崧昏庸無才，而潞王較為賢明，史可法等重臣主張立潞王。而逃到南京的鳳陽總督馬士英，是閹黨頭目，他主張立福王，以便於操縱。順治元年（西元一六四四年）五月十五日，朱由崧即帝位，以西元一六四五年為弘光元年。南明的弘光政權這樣建立起來了。

然而，朱由崧終日飲酒作樂，不理政事，大權落到馬士英手中，馬士英為專權把史可法擠出南京，把正直的官員罷免，而且拉攏一些閹黨為官，以致弘光政權內部矛盾重重，黨爭激烈。清朝統治者對弘光政權看得十分透澈明白，所以決定征討南明政權。

清軍來到揚州城下，並沒有立即攻城，而是首先招降史可法，被史可法嚴辭拒絕。但終因寡不敵眾，被清軍所俘。史可法誓不投降，後被殺於揚州南城樓上。揚州的戰鬥，是清軍入關後在同南明王朝作戰中遇到的第一次劇烈而頑強的抵抗。多鐸為報復揚州軍民的抵抗，下令屠城十天，慘遭屠殺的百姓有幾十萬人之多。接著清軍又占領瓜州、鎮江、丹陽。五月十四日，攻入南京。由於弘光政權極不得人心，所以清軍進入南京，沒有遇到什麼抵抗，多鐸對南京沒有採取屠城的政策。相反，為了安定人心，還貼出兩個告示，當時人們稱讚多鐸對南京的態度有六件事可取：「一不殺百姓，二斬搶物兵八人，三罵李喬先剃頭，四放婦女萬人，五建史可法祠，六修太祖陵。」

多鐸進入南京，弘光政權垮臺，清軍的首要敵人李自成被湖北的地主武裝殺害，這一系列的消息傳到京師，清廷內外，皆大歡喜。多爾袞也興奮地認為大清王朝已經是穩坐天下了。他忙不迭地派人前往多鐸軍中慰問，令多鐸報上有功將帥名單，以給封賞。還派人祭告天地太廟、社稷，並頒詔大赦河南、江北等地。人在爭取事業成功時往往小心謹慎，而在取得一定成功時，便會驕傲大意起來。足智多謀的多爾袞，也沒有避免常人容易犯的錯誤。

六月初五，他派侍衛尼雅達、費揚古帶著皇上的敕書去慰問嘉獎多鐸，同時讓多鐸傳達命令，要求文武軍民一律剃髮，否則軍法論處。十天之後，多爾袞以福臨的名義諭禮部正式下達剃髮令，這道十足的民族壓迫命令，限期只有十天，遲疑者，「必置重罪」。二十八日，多爾袞又頒詔河南、江南、江北沒有招降的地方，要他們從速歸順，而且把剃髮不剃髮作為投降不投降的標誌。各地執行起來層層加碼，有的地方限三日之內全部剃髮，有的則令一日內就要剃完。剃髮令下達後，清兵帶著剃髮匠沿街巡視，看到留髮的漢人，就攔住強行剃髮，稍有反抗，就將他的頭砍下懸掛起來示眾。

本來，多鐸到南京、無錫、蘇州、杭州都比較順利，沒有引起太大的騷動。但是，多爾袞一下剃髮令，刺激了民族感情，如點火澆油，引起江南人民的反抗。各地反抗鬥爭風起雲湧，最劇烈的是江南江陰和嘉定人民的抗清鬥爭。這些鬥爭使清軍南下受到層層阻礙，造成清初的動盪不安，加劇了民族矛盾。

江南的抗清鬥爭形勢，迫使清廷考慮派一個有影響的漢族官員去招撫江南。多爾袞一下就看中了洪承疇。多爾袞說：「我亦見他做得來（指去任招撫工作），諸王也薦他好，故令他南去。」順治二年（西元一六四五年）六月，清廷正式任命洪承疇以原官總督，招撫江南各省地方。七月初三，多爾袞又以順治帝名義賜敕洪承疇，敕文全長七百多字，是臨行前給洪承疇的指示，也是平定江南的具體政策。敕文首先表示了對洪承疇的倚重。江南初定，人心還有疑慮，有些正在觀望，沒有歸順，所以清廷安撫江南，就全靠洪承疇了。其次給他布置前往江南的具體使命：一是宣傳清朝德意，興利除害，讓歸附的人民得到一些實惠；二是對尚未歸順的地方，先招降，若不成，再用兵；三是對南方歸降的水陸軍隊，挑選精壯的訓練成水軍，以備調用，但不要弘光政權組織的軍隊；四是對隱居山林的及故明鄉紳中有才德的，要尋訪來錄用，對文武官員中有才幹、有政績、有戰績的要推薦提升，對奸詐平庸之輩要及時罷免。再次是給他安撫江南的權限，對將來歸附的各省，由他節制；敕文中沒有涉及的事，可由他隨機行事。最後，在敕文裡，再一次表明清廷對洪承疇的期望，希望洪承疇不要「有負倚托」。

從閏六月初委任洪承疇招撫江南，到洪承疇到達南京的二個月裡，江南的抗清勢力風起雲湧，形勢發生了很大的變化。先是朱元璋的九世孫唐王朱聿鍵在福州建立隆武政權，之後朱元璋的十世孫朱以海又在浙江紹興建立了魯王政權。儘管隆武政權和魯王政權內部矛盾重重，成不了大業，但他們畢竟是朱元璋的後代，在民族矛盾尖銳的時候，他們在漢族人民心裡還是有一定號召力的。江南各地抗清勢力紛紛集結在這兩個政權周圍，成為一支強大的力量。加上當時大順軍處境不利，南明王朝也感覺到力量單薄，雙方都改變了鬥爭策略，聯合起來，一同抗清。除此之外，廣大江南人民，包括農民、市民、小手工業者和知識分子以及地主紳士紛紛起來反抗清王朝的民族壓迫，達到了「目前滿地皆寇，處處響應」的地步。

面對遍及江南各地的抗清浪潮，洪承疇採取了以招撫為主、以剿滅為輔的策略，他認為應以「平賊安民為責任」，「賊之脅從數多，不招撫必不能平賊」。洪承疇在江南的招撫，主要利用他在明朝為官時的舊關係。招撫張縉嚴投順，只用兩封信就解決了江南、湖廣、河南三省交界處四十餘寨的抗清勢力，避免了清軍在這裡與抗清勢力兵戎相見。還有明朝總兵高進忠，有軍隊三千人，戰艦六十九艘，駐守在崇明。洪承疇瞭解到高進忠的情況後，觀望形勢的發展，認為應當設法招撫他，既可收復崇明，又能得到一支兵馬。這對清軍來說，尤其重要。於是洪承疇親自寫信招降，高進忠為他的信所動，投降了清朝。另外，洪承疇還招來農民軍將領。順治二年（西元一六四五年）九月，原李自成的譯侯田見秀、義侯張鼎等在他的招撫政策影響下，均「赴省投誠」。

洪承疇由於招撫江南運籌得當，很快取得效果。九月底，他在向清廷的奏報中說道：「江西南昌、南康、瑞州、撫州、饒州、臨江、吉安、廣信、建昌、袁州及江南徽寧等府俱平。」這些地方能迅速歸於清朝，除了他充分利用舊關係外，同時也很注意安定民心，不去傷害百姓。這樣，洪承疇通過招撫不但使江南許多地方迅速平靜下來，而且為清廷招徠了大批人才。清廷的最高統治者見到洪承疇的疏報，異常欣喜。多爾袞代順治帝向洪承疇致信祝賀，對其大加讚賞，而且由此對他更加信任，授予他更大的權限，在招撫之事上，可以不必請示，獨自處理。洪承疇作為一個故明降臣，如此熱衷招降明朝故舊，並加以錄用，是由於清王朝對他的信任和他對清王朝的坦蕩忠誠。也正由此，清廷對其大加賞賜，從而成為清軍入關後接受賞賜最多的一位漢臣。

洪承疇招撫江南，並非限於江南省一地，而是指東南各省。例如在徽州（今安徽歙縣）有一支頗有影響的抗清力量，領導人是金聲。他學識淵博，胸懷大志，領導軍民在績溪同清軍展開了鬥爭。由於寡不敵眾，且中洪承疇之計，城破被俘。洪承疇想讓他歸降，對他以禮相待，讓他居住在館舍裡，條件很優厚，但金聲視死如歸，拒不歸降。據說當時洪承疇曾問金聲是否認識自己，金聲故意說不認識。洪承疇說我就是洪亨九，金聲聽罷，怒斥道：「咄，亨九受先帝厚恩，官至閣部，辦鹵陣亡，先帝慟哭，輟朝，御製祝版，賜祭九壇，予溢蔭子，此是我明忠臣，爾為何人，敢相冒乎？」洪承疇被問得面紅耳赤，無言對答。洪承疇見多方勸降無效，只好將金聲等人處死。但是洪承疇深知籠絡民心的道理，清軍打垮義軍，占領徽州後，並沒有實行屠城政策。所以引起的反抗自然較少。洪承疇這種做法既為清廷的統一做出了貢獻，又有利於緩解民族矛盾。平定安徽後，洪承疇就把注意力轉向浙江的魯王政權。在招撫魯王政權過程中，洪承疇力勸王之仁、夏完淳歸降，但二人願為明王朝禮殉，拒不降清，因而被殺害。兩人仁至義盡，算是盡了臣節；洪承疇身為招撫重臣，為早日平定江南，忍辱負重，力勸二人歸降，亦可說是有文韜武略，篤識遠見。清軍擊潰紹興的魯王政權後，洪承疇和清平南大將軍博洛又把注意力轉向福建，他首先致信手握軍政大權的鄭芝龍，勸他降清，並答應給他浙江、福建、廣東三省王爵。本來就在觀望形勢的鄭芝龍，見信非常高興，於是給清軍覆信說：「遇官兵撤官兵，遇水師撤水師，傾心貴朝，非一日也。」並向隆武帝上疏還鄉，致使本來是一夫當關、萬夫莫開的仙霞關無一人防守，清軍得以長驅直入，很快打垮了隆武政權。由此可見，洪承疇的一封信既避免了清軍力量的損傷，又避免了對老百姓的屠殺和騷擾，於清朝的統一和福建老百姓都是一件幸事。

除了把主要矛頭對準南明的唐王、魯王政權及其附庸外，對故明其他宗室的反清勢力，洪承疇也花了很大氣力去剿平。順治三年（西元一六四六年）初，故明瑞安王朱誼漶和故明總兵朱君召，乘江南各地抗清形勢的發展，在南京一帶到處組織義軍，號召反清。正月，他們與南京城內一些人聯合，準備起事，結果事情敗露，被洪承疇得知。於是他便下令捕斬為首分子三十餘人。十八日，義軍二萬人分三路進攻南京城，被清軍擊退，洪承疇派出大批清軍在城內外搜捕，屠殺了近千人。除鎮壓朱誼漶這支威脅南京的隊伍外，還鎮壓了石應璉等領導的司空寨義軍，以及故明高安王朱常洪等數支義軍。對於抓獲的故明王室，洪承疇也遵照聖旨，一一處斬。這樣，江南眾郡縣一一平定下來。

江南形勢基本穩定下來時，洪承疇的父親去世，再加上他本人眼睛有病，「若自掩左目，則右目經不能見字，數步之內，不能辨人物，必開左目，然後能見字，批判方能見人物」，所以上揭帖，要求准許他回京守制。在洪承疇一再請求下，清廷終於同意他回京師併入內院理事，但必須等到新任的江南、江西、河南總督馬國柱到任，方可離開江寧。

洪承疇請求回京，除身體勞累成疾和父喪外，還有一個重要的原因就是，他是一名漢臣，工作比較難做，而且他越來越感到繼續留在江南已經不合適了。魯王朱以海及手下一些人施用反間計，想以封洪為國公的辦法，破壞清對洪承疇的信任。儘管頭腦清醒的多爾袞對魯王的反間計不相信，但是對於洪承疇來說，畢竟內心有些不安。這時，又發生了這樣一件事，迫使他更為堅決地要求回京。廣東的僧人函可，是故明尚書韓日纘的兒子，出家多年，順治二年（西元一六四五年）春，從廣東來到南京印刷藏經。不久，清軍占領南京，函可久居江寧，想回廣東。因為韓日纘是洪承疇的會試房師，於是，函可就去找洪承疇，請他發給通行印牌，以便返回廣東。洪承疇看在過去房師的面上，又想函可是個和尚，沒什麼問題，就給了他通行印牌。順治四年（西元一六四七年）十月，函可一行五人出江寧城。巴山、張大猷手下的守城人，從函可帶的竹箱裡查出福王答阮大鋮書稿和《變記》一書，均有反清內容，於是五人都被扣留審訊，送洪承疇處。洪承疇上疏引咎，吏部奏議

「以承疇徇情於給印牌，應革職」。多爾袞認為洪承疇平定江南，勞績可嘉，應當寬恕，於是由順治下旨沒有革他的職。

順治五年（西元一六四八年）三四月間，洪承疇在江寧移交工作後，便起程回到北京。

洪承疇在招撫江南各省的時間裡，為清朝的統一和安定江南做出了重大貢獻，取得了非常明顯的成效。南明隆武、魯王政權的覆滅，以及其他抗清勢力的剷平都表明了他招撫政策的成功。他減少了武力征服，對人民和社會來說減少了戰亂和破壞，有利於人民和社會的安定以及生產力的發展；對清朝來說，減輕了統一的阻力，有利於鞏固清中央政權的統治。洪承疇在江南徵收賦稅，為清朝在江南積累了不少財富，同時也根據實際情況，注意民間疾苦，多向朝廷申請減免賦稅，呼籲救濟重災區，為人民群眾解決了一些生活問題。當然，由於事情繁雜，「手口忙亂」，洪承疇也出現了一些小差錯，除函可之事外，還曾經將清工部送江寧製造的誥軸式樣看錯，以致織出後仍是明朝樣式，白白花費了三千六百兩白銀。洪承疇為此事曾上書要求處分，並要變賣產業抵還費用，但被多爾袞免予處分。儘管如此，洪承疇的差錯同其功績相比仍然是微不足道的，清王朝統治者對此也十分清楚，因而也並沒有因其一時疏忽而給予處分。

五、二度入京，佐理機務

洪承疇從江南回到北京後，很得清朝最高統治者的重視，皇上仍讓他入內院辦事，而且「加上四祖尊號，覃恩封贈三代，皆少師兼太子太師，三代皆配夫人」，還保持「蔭一子入監讀書」。皇帝、太皇太后親自賜宴，這對大臣來說，是相當榮寵的待遇。

洪承疇二次入京在內院仍是佐理機務，這次時間長，整整五年，而且所發揮的作用要比前次入京佐理機務的作用大。但這期間有個過程，剛入京時，恰逢函可之事和誥軸之事以後，對他或多或少有些影響，所以，清廷雖然很信任他，卻沒有因在江南戰績卓著而提拔他，只是官復原職而已。順治六年（西元一六四九年），多爾袞任命洪承疇和范文程、剛林、祁充格、馮銓、寧完我、宋權一同充任《太宗文皇帝實錄》一書編纂的總裁官。但由於多爾袞希望按他的意思刪去多爾袞的生母、太妃納喇氏不願殉葬的記載，所以在他死後不久，便引起政治動盪，使編纂工作一度停下來。儘管順治九年（西元一六五二年）再次編寫，但洪承疇不久被調任南方，所以這次編纂工作成效不大。

除了編書，洪承疇還在順治六年（西元一六四九年）做了會試的正考官。滿洲貴族為了籠絡和收買漢族地主階級知識分子，早在天聰三年（西元一六二九年），就開始在境內實行科舉考試。清朝入關後，為了消除地主階級知識分子的反清情緒，更為了健全從中央到地方各級統治機構的需要，順治於北京登基的詔書上，就定下了鄉試和會試的時間。洪承疇本人是進士出身，自然也積極倡導科舉，加上他學識淵博，清朝統治者就任命他為會試的正考官。

洪承疇時常上疏提出有利於治國安邦的各項建議。例如提出選官的保舉連坐法。這是針對清初急於健全各級官僚機構，選官範圍比較廣泛，不免造成泥沙俱下、魚龍混雜的情況而提出的。這種做法使得舉薦人必須慎重行事，也可以在一定程度上避免濫薦親信、門人而不論其品德、才能。所以得到了多爾袞的贊同並被歷朝所接納、實施。洪承疇在任都察院左都御史時，還提出了御史巡方的具體辦法，這對於鞏固清朝統治發揮了一定作用。

順治帝自幼傾慕中原文化，所以不斷重用漢臣，使漢臣的勢力在中央的內三院和六部中，不斷得到發展。這樣滿漢大臣之間的矛盾也有增無減，同時，漢族大臣內部也產生了矛盾。順治親政時，清軍已占領了江南的廣大地區，江南的明朝官員陸續降清，經過相互推薦，大批漢臣進入清朝政府。他們之間，不少人很有才華，如陳名夏、陳之遴等，很得順治帝寵信，而他們用人一般偏愛江南籍故人，這就同滿洲貴族及北方籍的漢官有了矛盾。雖然沒有形成像明末那樣劇烈的黨爭，但以馮銓、寧完我為首的「北黨」和以陳名夏為首的「南黨」之間存在著明爭暗鬥。洪承疇本是江南人，由於出任招降江南總督，推薦的江南明朝降官不少，自然有南黨嫌疑。不過，他又同入關前降清的北黨中的寧完我、馮銓等共事的時間較長，所以他在南北漢臣之間的鬥爭中處於一種微妙的地位。儘管如此，一開始，他就被捲入了張煊參劾陳名夏的鬥爭中。

順治八年（西元一六五一年）五月，河南道御史張煊上疏參劾吏部尚書陳名夏十罪、兩不法，其中一些條文涉及洪承疇，「又名夏與洪承疇、陳之遴於火神廟屏左右密議，不知何事」，「（洪承疇）不請旨送母回閩」。張煊上疏時，順治帝正外出打獵，執掌吏部的巽親王滿達海看到疏文後，認為此事關係重大，就派人飛馳奏聞順治，順治帝知道後匆匆回京。同時，滿達海命人拘禁了洪承疇和陳名夏，並且讓諸王和各部大臣在朝廷上討論這個案子。洪承疇被拘禁後，一面「以送母回閩未明奏，自引罪」，一面對火神廟與陳名夏等密議的事，加以解釋。結果，免了陳名夏、洪承疇等人的罪，處死了張煊。但不久，順治帝又公開審理此案，認為陳名夏的一些罪狀屬實，於是將陳革任，發正黃旗漢軍下。張煊得到昭雪，對他的後代也厚加撫卹。對於洪承疇，順治帝從輕發落。下旨曰：「洪承疇火神廟聚議，事雖可疑，實難懸擬，送母歸原籍雖不奏和遣，然為親甘罪，情尚可原。姑赦其罪，仍留原任，以責後效。」洪承疇捲入的這場鬥爭終於結束了，他以其在朝廷的地位、名望從滿漢大臣矛盾的漩渦中跳了出來。

六、年逾六旬，再定江南

順治五年（西元一六四八年）以來，隨著清朝統治向全國各地的深入發展，民族矛盾進一步激化，全國的抗清運動出現新高潮。大順軍與南明勢力聯合，共同抗清；大西軍在雲貴重建政權，孫可望、李定國、劉文秀、艾能奇同時稱王，形成以雲貴為中心，包括四川西南部、湖南西部和廣西部分地區的遼闊範圍。除此之外，各地的抗清義軍也風起雲湧。如廣東、福建、山東、山西、浙江、江北等地，抗清勢力此伏彼起；同時，南明的永曆政權也展開了鬥爭，這些抗清鬥爭促使廣東、江西、山西的漢族降將相繼反清。一時間，清朝統治者驚惶失措。順治認為，只有洪承疇才能擔當力挽狂瀾的重任。於是順治十年（西元一六五三年），任命洪承疇為太保兼太子太師，經略湖廣、廣東、廣西、雲南、貴州五省總督軍務，兼理糧餉。「撫鎮以下，聽其節制。兵馬糧餉，聽其調度，一應撫剿事宜，不從中制，事後報聞」。

當時，洪承疇已經六十一歲了，「理宜退休」。在退休之年，受到如此重任，他自然異常感激，表示一定要「盡心竭力」完成撫剿任務。洪承疇仔細分析了當時的形勢，認為經略五省，目的是「平賊安民」，而「賊」的脅從數量很多，應當採用招撫的辦法。但是他又認為這些賊「負固已久，不真剿，必不能成真撫」。為此，提出應加強五省的兵力，他還挑選了一些驍勇兵將，組成一支精幹的隊伍，從北京出發，踏上再定江南的道路。

洪承疇來到湖南，經過一番詳細的調查研究，認為清軍從前攻城略地，往往「旋得旋失」，原因在於「進守無兵，駐守無糧」。因此，他根據以往的教訓和現實力量的對比，提出了「安襄樊而奠中州，因全楚以鞏江南」的戰略防禦方針。他主張軍事以守為主，採取守勢；政治上「廣示招徠」，採取攻勢；經濟上「開墾田畝」，恢復生產。他認為，一旦條件成熟，便轉守為攻。清廷同意他的主張，又任命陳泰為大將軍，率八旗兵進駐湖廣的戰略要地。順治十二年（西元一六五五年）五月，孫可望派大軍攻岳州、武昌、常德等地，洪承疇和陳泰指揮清軍在常德設下埋伏，結果大獲奇捷，迫使孫可望撤回貴州。經過洪承疇一年多的苦心經營，湖南的形勢有所改變，「地方稍得改觀，人心漸有固志」。順治對洪承疇的籌劃、調度以及因此取得的成就深表滿意。

洪承疇經略五省兩、三年裡，做了不少工作，軍事上也有所進展。但是，對洪承疇經略湖廣的方針、政策及其所作所為，清朝統治者的看法不一致，滿漢官員不少人見長期沒有明顯進展，而耗費又較大，對洪承疇加以指責。戶部侍郎王弘祚因為軍事日益增加，「徵兵轉餉，騷動數省，大為民生困弊」，上疏劾他畏難避苦，久不見功。四川巡撫李國英也指責洪承疇堅持以守為戰，「必致師老財匱」，「坐而自困」。他們認為，永曆政權連遭失敗和內訌，造成清兵大舉進攻的良機，建議把進攻雲貴、消滅永曆政權的希望重新寄託在平西王吳三桂的身上。然而文武大臣的指責和建議都沒有改變洪承疇以守為戰的方針，他一再上疏申辯，說明這一方針的正確。他還利用順治十三年（西元一六五六年）兩廣總督李率泰進攻南寧勞而無功的事實，說明這一方針的正確性。

但是朝廷內外的反對，使得洪承疇自己也一籌莫展，於是他以有罪、無能、老疾為由向朝廷提出要求罷斥處分。順治帝接到洪承疇的請求後，不但仍讓他留任，而且「晉太傅，仍兼太子太師，蔭一子入監」。由於順治帝的信任，洪承疇又根據他招撫江南的經驗，對各派抗清勢力的頭面人物實行招撫政策，主要目標是孫可望、李定國。但是由於孫、李都有一定實力，各地抗清聲勢十分浩大，形勢比較複雜，招降孫、李的事一直未見成效。

由於洪承疇招撫成效不大，內外朝臣對此提出批評意見。正在這時，洪承疇病情加重，工作無法堅持，於是他再次向順治帝上揭帖，請求卸任，得到了順治帝的同意。

順治十四年（西元一六五七年）十一月中旬，正當洪承疇打點行裝，準備回京，清廷也決定不再設五省經略，將原官兵一齊撤回的時候，孫可望突然率眾來降，從而使整個抗清形勢急轉直下。對於洪承疇本人的影響也尤為重要，使得他的處境有了轉機。洪承疇用孫可望投降的實例，證明了他軍事上以守為戰、政治上「廣示招徠」政策的正確性。

孫可望的歸降，削弱了西南的抗清力量，暴露了雲貴的虛實。清廷決定，由羅托、吳三桂、趙布泰等分路進攻，並令洪承疇留原任，率所屬將士同羅托一道由湖廣前行，相機攻取貴州。

洪承疇建議，進兵西南應以收拾人心為本，「必先得土司苗蠻之心，而後可以為一勞永逸之計」。他還認為，不應等到三路兵馬集中貴州後再合兵攻雲南，應該是在任何一路清兵攻克貴州省城之後。清廷基本採納了洪的建議，允許西南少數民族「暫免剃髮，照舊妝束」，從而緩和了民族矛盾。許多人「爭先出山貿易、耕作，交運糧米」，對於恢復和發展生產是有利的。而且洪承疇提出的進軍計畫，不僅解決了兵多糧少的難題，而且使清軍在臨戰前處於較為有利的地位。

順治十六年（西元一六五九年），清軍攻占昆明後，清廷又把消滅永曆及其政權的任務交給了洪承疇，洪承疇認為當前最主要的任務是安定雲南內部，他上疏說雲南地方偏遠，土司種類最多，不易治理，最好參照元明兩朝的經驗，留兵駐鎮，使邊疆永遠安寧。於是清廷很快決定派平西王吳三桂率兵留駐雲南。

七、蓋棺無定論，褒貶終不一

就在雲南局勢勝利在望的時候，洪承疇又一次因病請求回京。七天之後，順治帝便同意了他的請求，他到北京後不久，順治帝於順治十八年（西元一六六一年）正月去世，八歲的皇太子玄燁即位，五日，洪承疇因病請求休致，得到朝廷的同意。

清廷對洪承疇的功績是肯定的，從諭旨到部議都稱讚他「勞績茂著」。但對洪承疇的世職問題議來議去，最後不過給了個三等輕車都尉。這同他的功勞相比，確實比較低。對他本人來說，也是始料不及的。因為在他任五省經略時，順治帝曾許願說：「功成之日，優加爵賞，俟地方既定，善後有人，即命還朝，慰朕眷懷。」這一年洪承疇已經六十九歲了。

康熙四年（西元一六六五年）二月十八日，洪承疇「卒於都門之私第」，享年七十三歲，他死後，朝廷「賜祭葬如例，謚文襄公」。朝廷令內院撰寫〈洪承疇碑文〉，與衛周祚寫的墓誌銘比較，對洪承疇評價褒貶顯然有別。

洪承疇勞碌一生，為明清兩朝的統治者效盡犬馬之勞，但是乾隆時仍將他和一大批背明降清的漢官「律以有死無貳之義」，打入「貳臣傳」。這是包括洪承疇在內的降清明臣生前所料想不到的。不過乾隆認為，洪承疇「雖不克終於勝國，實能效忠於本朝」，並且「宣力東南，樹權討伐」。因此將他列貳臣中的「甲等」。

應當看到，清朝畢竟是滿清貴族建立的王朝，對滿清貴族來說，由於狹隘的民族意識，論功行賞時，是不可能做到各民族一律平等的。所以洪承疇在晚年不免受到不公正待遇。至於被列入「貳臣傳」，則是由於當時清朝統治已經鞏固，為了能使清王朝江山持久，就要提倡效忠一朝一主的思想。因此，自然對兼事兩朝的洪承疇加以貶斥。這是出於清朝統治的需要，不足以作為評價洪承疇功過的根據。洪承疇在清初的卓著功績是應得到肯定的，對清朝的統一和滿漢統治者的迅速協調，洪承疇的功績是不可磨滅的。

本文主要資料來源：《清史列傳》卷七八，〈洪承疇傳〉；《清史稿》卷二三七，〈洪承疇傳〉；《明史》卷二三，卷二四，〈莊烈帝本紀〉。

大智大勇守新疆　志在今亮勝古亮

左宗棠傳

趙慧珠

在中國近代史上，左宗棠（西元一八一二年～西元一八八五年）是一個非常重要的人物，也是一個因個性鮮明而備受矚目的人。他早年曾參加過科舉，並中了舉人，後又三次會試，都名落孫山，只得以教私塾為生。但他胸懷大志，長期潛心輿地，埋首兵書，致力於經世致用之學，常以諸葛亮自喻，其學問和器識為當時的有識之士讚賞不已。西元一八五四年，左宗棠被湖南巡撫邀請入幕府，後又在曾國藩手下督辦軍務。此後，左宗棠被破格提拔，青雲直上，以一個不第進士的舉人身分，任巡撫、總督，直到入閣拜相、封侯賜爵。由於歷史的侷限性，左宗棠曾參加過鎮壓太平天國起義、捻軍起義等。但是，在反對沙俄侵略和收復新疆的過程中，他為維護祖國統一，保衛領土完整，做出了重大貢獻，使西北大片已失去的疆土重回祖國懷抱。正像臺灣歷史學家繆鳳林在考察西北後作出的結論，「自唐太宗以後，左宗棠是對國家主權領土功勞最大的第一人」。左宗棠一生素行高潔，廉正勤勉，性情剛烈，才華橫溢。其軍事學識、政治眼光、愛國思想是當時之人很難踰越的。

一、家世．學問．性情

西元一八一二年十一月十日，在湖南湘陰東鄉左家塅，降生了一個孩子。傳說，這天夜裡，那家的年近八十的老太太夢見一神人從天空降落到她家院子裡，自稱是「牽牛星」，不禁驚醒，聽說媳婦生下一個孩子。同時，產婦房中一片白光，連燈燭都顯得暗淡不明，不多會兒，天就亮了。這個在神話中出世的孩子就是本文的主人公，姓左，名宗棠，字季高。卒謚文襄，人稱左文襄公。

左宗棠家世比較清寒。祖父左斐中和父親左觀瀾都是秀才，平時以教書為業，有少量的束脩收入。另外還有幾十畝田，每年可收租穀四十八石。左宗棠上有兩個哥哥、三個姐姐，一家十口人就靠這清苦的收益生活。在封建社會裡，這是典型的所謂「耕讀之家」。有時候，遇到年景不好，田糧歉收，只好以糠屑充飢。左宗棠二十九歲時在長沙處館曾作詩八首，其中一首追憶了他父母在世時家庭生活的情景：

十數年來一鮮民，孤雛腸斷是黃昏。
研田終歲營兒哺，糠屑經時當夕飧。

五鼎縱能隆墓祭，隻雞終不逮親存。
乾坤憂痛何時畢，忍囑兒孫咬菜根。

左宗棠生下來時，母親奶水不足，只好搗米成汁來餵他。但仍吃不飽，日夜啼哭，以至於「臍突出」，直到年老體胖，還是「腹大而臍不深」。在這樣的家庭中成長起來的左宗棠，深知生活的艱辛，所以他一生都過著儉樸的生活，從不過分享受。

在左宗棠青少年時期，其家境日漸中落，姐姐出嫁，祖母、祖父、長兄、母親先後亡故，母親去世時所欠的醫藥費、殯葬費等白銀兩百餘兩，直過了三五年，左宗棠入贅周家後，才得以償清。西元一八三〇年，左宗棠父親一病不起。十口之家，只剩下他和二哥左宗植兩人，家境一落千丈。幸虧當時湖南巡撫吳榮光創立湘水校經堂「課士」，左宗棠因成績優異，七次名列第一，獲得類似今天獎學金性質的生活補助——「膏火」。西元一八三一年，左宗棠謀食他鄉，客遊武昌。西元一八三二年，貧苦無所依的左宗棠入贅湘潭周家。其夫人周詒端，字筠心，與左宗棠同年生，家裡非常富有，自小受過良好的家庭教育，頗有才氣，詩詞歌賦，都不亞於左宗棠。儘管這門婚事是早就定好的，但在當時社會中，入贅還是很不光彩的。

左宗棠小時候家庭生活雖然清苦，但深得祖父母和父母親的寵愛。在左宗棠四歲時，曾跟祖父上山遊玩，採了一把栗子回來，祖父讓他回家跟哥哥、姐姐分著吃，他卻把栗子全部分給了哥哥、姐姐，自己沒有吃。祖父看見後，非常高興，認為這孩子從小能分物均匀，又能不貪，將來必能成一人物。左宗棠從五歲開始，就隨著兩個兄長一起跟祖父、父親讀書，在他們的嚴格管教和循循善誘下，左宗棠的文化知識基本功非常紮實，字也寫得挺秀可愛。九歲時就開始學做八股文，十五歲應童子試。第二年應府試，成績優等，知府本來打算把他拔置冠軍，因照顧某生年老，把他抑為第二。到二十一歲那年，與次兄左宗植同時應湖南鄉試，這一年的湖南鄉試主考官是禮科掌印給事中徐法績。左宗棠的考卷，本來已被閱卷官所摒棄，並無取中的希望。但這一年的鄉試，道光皇帝曾經特別降旨，讓各主考官特別查閱未被取中的「遺卷」，以免遺落人才。徐法績獨自查閱遺卷五千餘餘卷，尋得六人，而以左宗棠居首。最後，左宗棠與其兄同中舉人，其兄左宗植榮獲第一，俗稱解元，左宗棠名列第十八。這是他在科舉考試中所取得的最高功名。自此以後，左宗棠曾於西元一八三三年、西元一八三五年、西元一八三八年三次赴北京參加會試，都沒有得中進士。之後，左宗棠絕意於科舉。

左宗棠之所以在科舉功名上沒有得到充分發展，這與他大部分精力專致於經世致用之學有關。因為在科舉時代，讀書人為了從科舉中獲取功名富貴，往往以全部精力去鑽研揣摩八股文。但是，左宗棠在還沒中舉之前，就開始了對經世致用之學的研究。在左宗棠十八歲那年（當時，他正在家為父親服喪，不能參加科舉考試），他買到了《天下郡國利病書》和《讀史方輿紀要》等書，讀後大感興趣。從此，他的思想學識都進入了一個新的境地。在這一時期，他還認識了湖南善化籍的江寧布政使賀長齡。通過交談，賀長齡得知左宗棠對於兵要地理以及全國的山川形勢與社會現狀很有研究。在極為讚賞的同時，允許左宗棠隨意借閱他自己所收藏的很多「官私圖史」。每次左宗棠去借書，賀長齡都親自上樓取書，從不怕麻煩；還書時，賀長齡都要詳細詢問讀書所得，互相討論研究。

在得到賀長齡幫助的同時，左宗棠還深得賀長齡的弟弟賀熙齡的教誨。當時，左宗棠在長沙城南書院讀書，而賀熙齡主講城南書院，他非常喜歡這個學生，曾做詩誇獎左宗棠說：「開口能談天下事，讀書先得古人心。」還說：「季高談天下大事，瞭如指掌。」由於他們的稱讚與鼓勵，加上接觸到了大量的典章制度和政治實際，左宗棠的視野擴大，見識大為增長，生平學問在這一時期奠定了良好基礎。

西元一八三七年，左宗棠正主講醴陵的淥江書院，恰逢兩江總督陶澍（湖南安化縣人）乘閱兵江西之便回湖南省墓，路過醴陵。醴陵知縣為總督大人預備公館，請左宗棠代撰楹聯，左宗棠當時非常欽佩陶澍在兩江總督任內的政績，如整飭吏治，整頓鹽務、漕務等。他寫的楹聯是：

春殿語從容，廿載家山印心石在。

大江流日夜，八州子弟翹首公歸。

這副對聯雖然擺脫不了讚譽的性質，但措詞非常大方得體，既表達了故鄉人對陶澍的景仰和歡迎，也道出了陶澍一生中最得意的一件事。聯中的「印心石」，是陶澍幼年讀書的一所堂屋，承蒙道光皇帝御賜匾額「印心石屋」。所以，陶澍見了這副楹聯大為賞識，得知是左宗棠的手筆，便請來相見。左宗棠本來就對陶澍非常仰慕，再加上平日一肚子經世濟民的想法無處傾吐，這次見了陶澍，巴不得全部倒出來，於是半是請教，半是展示，從學問到國事，從鹽政到海運，足足暢談了一夜。陶澍為家鄉有這樣的奇才而十分高興，認定左宗棠日後前程會超過自己，竟不顧兩人相差三十幾歲而與左宗棠建立忘年之交。那年陶澍五十九歲，左宗棠才二十六歲。第二年，陶澍重病在身，邀請左宗棠到江寧。他深知左宗棠氣宇宏遠，志行堅毅，不但前途不可限量，而且可以托之大事。所以，他把年僅八歲的獨子陶桄和全部家事託付給左宗棠，並主動提出與左宗棠的女兒聯姻。左宗棠非常感激陶澍的知己之恩。加上當時已經會試三次，看透了考場弊端，所以，他也決心再不赴京會試，要「讀書課兒，躬耕柳莊，以湘上農人終世」。不久，陶澍去世，左宗棠去陶家當塾師，實際兼「總管家」，在安化小淹一住八年。一方面主持內外，把全部所學悉心教給陶桄，另一方面，他也借此機會，讀遍了陶澍所收藏的清代典章以及陶澍的奏疏、書札等，體察了一番官場世故與政治得失，生平學問也更上一層樓。

左宗棠的學問可以分為三部分：

第一部分是輿地學。左宗棠所處的時代，正是階級矛盾、民族矛盾相互交織，地主階級改革派思想發生、發展的時代，為了瞭解天下形勢，當時許多地主階級改革派如龔自珍、魏源等人都擅長地輿之學。在他們的思想影響之下，左宗棠也從研究地輿之學開始了他的經世致用之學。他先後閱讀了顧炎武的《天下郡國利病書》、顧祖禹的《讀史方輿紀要》、齊道南的《水道提綱》，分別做成札記。他在會試失敗之後一段時間，曾向岳母在另外一個院落借了所房子，叫做西樓，自立門戶。左宗棠就在西樓上，潛心研究地學，考察山水的分布、疆域的沿革、城池的興廢、攻守的形勢、探索繪製地圖的原理，他發現以往書上繪製的地圖，有很多失實，所以他計劃自己繪製地圖。橫的方面，先繪一張全國地圖，縱橫九尺，再繪製分省地圖；縱的方面，先繪成一張清代的圖，推上去再繪成明代的圖、元代的圖、宋代的圖，乃至《禹貢》的圖；還要把山川、道里、疆域沿革和歷代兵事的關係，做成說明。他還摘抄各省通志和西域圖志，把山川、關隘、驛道遠近，分門別類，訂成幾十大本。夫人周詒端也協助他進行研究，往往都是左宗棠繪製草圖，周夫人為他影繪；左宗棠忘了某一個典故，就由周夫人給他在某書某函某卷檢出，十之八九都不會錯。就這樣，整整畫了一年，才完成了全國分省地圖。鴉片戰爭發生後，左宗棠還專門閱讀關於海防記載的圖書，同時，寫成了幾篇建設海防的意見書。左宗棠後來在軍事上的成功，很大程度上都要靠他對於地理的精熟。

第二部分學問是農學。左宗棠在研究輿地學的同時，還分出一部分精力研究農學。他讀遍了歷代講農事的著作，也是分門別類地抄出來，計劃編成一部《朴存閣農書》，他不但研究水稻的種植，其他如種桑、養蠶、栽茶、種樹、園藝果蔬、土壤性質以至糞肥的使用等，都成為他研究的對象。西元一八四四年，他用教書積存的收入，在湘陰東鄉柳莊買了七十畝田，全家搬去居住，並在柳莊親自試驗一種「區田」，也就是現在所謂的因地制宜和間隔種植，結果非常成功。後還把區田畫成圖樣，以向別人介紹區田種法的好處。他還在住宅周圍種桑千株，勸家人養蠶繅絲。湘陰原沒有種茶的，左宗棠開風氣之先。由於他經營得法，僅茶園一項收入，便夠交納賦稅。每次從安化回家，他都巡行田頭，指導耕作，自稱「湘上農人」。可以說，左宗棠對於農事有特殊的嗜好。以至於後來出山之後，不論走到哪裡，都非常在行地教兵士種田，教人民歸耕。

第三部分學問是有關國計民生的水利、荒政、田賦和鹽政。這些在傳統的農業社會裡是非常重要的。當時，陶澍收藏的這類圖書可以說是全國第一，左宗棠在教陶澍兒子的八年時間裡，飽覽了這些圖書，也精熟了這一部分學問，這一切，都為他日後的事業成功創造了良好的條件。

左宗棠從青年時期，就顯出了他極強的個性和不凡的見識。雖然有些高傲自負，但志向遠大。他二十多歲時，生活無依，客居妻家，卻寫下了這樣一副對聯：

身無半畝，心憂天下；
讀破萬卷，神交古人。

以抒發自己的豪情壯志。後在東山隱居時，其客廳兩邊楹柱上的聯語是「文章西漢兩司馬，經濟南陽一臥龍」，可見氣魄之大。他常以諸葛亮自比，書信末尾常以「亮」、「小亮」、「今亮」落款，還對人說「今亮或勝古亮」，盼望能像諸葛亮那樣幹一番大事業。起初，左宗棠自比諸葛亮，原只是和朋友們打趣。但在一般人的心目中，則把他們都看成是用兵如神的「軍師」。左宗棠經綸滿腹，才華出眾。西元一八四九年，林則徐從雲南因病返回福建，路過長沙，特地派人到柳莊招左宗棠相見。兩人雖然從未見面，但都相知已久，所以首次會晤極為融洽。左宗棠倉促間失足落水，衣履盡濕，登舟後即向林則徐說：「聞古人待士以三薰三沐之禮，今三沐已是拜領了，至於三薰也不曾做到。」林則徐笑著說：「你還這麼文縐縐的呢，趕快換衣服，免得著涼。」當晚，兩人在湘江船上敘談，通宵不眠。從鴉片戰爭到遣戍新疆，從水利設施到輿地兵法，無所不及，直到雞鳴天曉，才依依惜別。「文忠公一見傾倒，詫為絕世奇才」。

左宗棠的才學個性在當時是很有名的。他為人倜儻耿介，剛直豪邁，與人稍有意見不和，就可能和對方決裂，從不留情面。他以為是好人時，又可以始終認定是好人，有時甚至說得過分好。左宗棠和曾國藩之間曾有一段有趣的互相譏諷。那是在西元一八三九年冬，左宗棠與郭嵩燾等人一起拜訪曾國藩，大家議論國事興致很高。左宗棠愛發表一些標新立異的觀點，又最會講話，口若懸河，滔滔不絕。曾國藩總是說不過他，心中略有不快。臨到客人告辭時，曾國藩笑著對左宗棠說：「我送你一句話，『季子自稱高，仕不在朝，隱不在山，與人意見輒相左。』」話中嵌著「左季高」三字。左宗棠聽後微微一笑，說：「我也送你一句話，『藩臣當衛國，進不能戰，退不能守，問你經濟有何曾？』」也恰好嵌著「曾國藩」三字。這雖是一段笑話，但從中可以看出左宗棠的才思敏捷和對曾國藩不服氣的心情。後來，對曾國藩「天津教案」的處理，左宗棠當時雖然正在遠隔千里的平涼，仍提出了不同意見並進行了尖銳的批評。

左宗棠才氣縱橫，精力充沛，免不了予智自雄，事必躬親，甚至做事專斷，以至於左宗棠在湖南巡撫任幕僚時，被巡撫駱秉章所倚重，以幕府身分而實際操縱湖南的政權。當時湖南人都戲稱左宗棠為「左都御史」，而駱秉章只不過是右副都御史，左宗棠的權力要超過駱秉章，以至於後人為左宗棠編纂全集，直接將駱秉章任湖南巡撫七年半所上的奏摺，亦編入左宗棠全集之內，作為附篇，其目的在於使人知道，這也是左宗棠所撰奏稿，不過借駱秉章之名奏上皇帝而已。左宗棠的攬權，加上性氣剛烈矯強，「使氣好罵」，以至於招怨樹敵太多，把很多人都得罪了，幾乎引來殺身之禍。據說永州鎮總兵樊燮在帶兵入川時，路過長沙到巡撫衙門拜訪。樊燮為官很不清廉，聲名惡劣，又仗著朝裡有人有恃無恐。當時有很多的參劾信函都壓在巡撫衙門，左宗棠礙於駱秉章的面子，也不便處理。這天，樊燮來到巡撫衙門後，只向駱秉章鞠躬請安，對坐在對面的左宗棠只隨便問了聲好。談話過程中，樊燮又口出狂言，左宗棠極為反感。樊燮告辭時，又不理睬左宗棠。左宗棠勃然大怒，喝道：「你進衙門不向我請安，出衙門不向我告辭，你太猖狂了，湖南武官，無論大小，見我都要請安，你不請安，是何緣故？」樊燮也怒而高聲說：「朝廷體制並未規定武官見師爺要請安。武官雖輕，也不比師爺賤，何況樊某乃朝廷任命的正二品總兵，豈有向你四品幕僚請安的道理。」左宗棠氣得呼呼大喘，環眼暴凸，燕頷僵硬，好半天，才冒出一聲炸雷般的聲音：「王八蛋，滾出去！」樊燮窩著一肚子氣回到武昌，向他的姻親湖廣總督官文添枝加葉地控告左宗棠無視朝廷命官，驕橫跋扈，獨斷專行。以致發生了聞名當時的樊燮京控案件。清政府命令官文密查，「如左宗棠有不法情事，可即就地正法」。雖然如此，但後經多人營救，加上朝廷正急用人才，左宗棠轉禍為福，樊燮終被革職。但從中可以看出左宗棠剛直不阿、直爽豪邁的性格特點。傳說，樊燮被革職後，帶二子回到原籍湖北恩施，建一棟樓房，樓房建成之日，樊燮宴請恩施父老，說：「左宗棠只不過一舉人，既辱我身，又奪我官，且波及我先人，視武人為犬馬。我把二子安置樓上，請名師教育，不中舉人進士點翰林，雪我恥辱，死後不得入祖塋。」樊燮重金聘請名師，以樓房為書房，除先生與兒子外，別人一律不准上樓，每日酒飯，都要親自過目。二子不准著男裝，都穿女子衣褲，又將左宗棠罵他的「王八蛋，滾出去」六字寫在木牌上，置於祖宗神龕下面，告誡二子：「考上秀才進學，脫女外服；中舉脫女內服，方與左宗棠功名相等；中進士，點翰林則焚木牌，並告訴先人，已勝過左宗棠了。」二子謹受父命，在書案上刻上「左宗棠可殺」五字。後來，樊燮的第二子樊山果然中了進士。報捷那天，他恭恭敬敬地在父親墳頭報喜，當場焚燒「王八蛋，滾出去」木牌。當然，這些都是後話了。

左宗棠的這種剛直不阿、敢講真話、肯辦實事的性格，使他成就了一番大事業。但是，由於性情太剛，氣度不夠，左宗棠也常常得罪一些人，手下真正的人才很難留住，因為同是有才氣、有抱負的人，不甘心只處於唯唯諾諾的地位，所以，留在左宗棠手下的往往都黯然失色。特別是到了晚年，手下能夠獨當一面的人幾乎沒有了。

二、幕僚・巡撫・船政

左宗棠出山，充當「軍師」的經歷與諸葛亮有某些相似之處。西元一八五〇年，廣西爆發了太平天國起義，到西元一八五二年，太平軍日益壯大，已由廣東、廣西兩省進入湖南，準備攻打長沙。當時湖南巡撫張亮基極需廣搜人才以備顧問，並協助處理軍政事務。胡林翼得知後，就把通曉軍事的左宗棠推薦給張亮基做幕僚。這時左宗棠正避居東山白水洞。張亮基派人請其出山，左宗棠覆信辭謝。後胡林翼又寫信給左宗棠，勸他萬勿推卻，宜迅速出山。他說：「中丞思君如飢渴。」又說：「設楚地盡淪於賊，柳家莊、梓木洞其獨免乎？」左宗棠本來就有強烈的忠君思想，加上把起義農民看作盜匪，這時，在胡林翼的懇切勸說下，加上同住山中的郭嵩燾的勸行，還有長沙守備江忠源的推薦敦促，以及張亮基的兩次邀請，左宗棠決定應聘出山。這年，左宗棠已四十一歲。

左宗棠進入長沙後，開始參與鎮壓太平天國運動。張亮基將全部軍事委託給了這位新來的「參謀長」。左宗棠為人也最為忠直，不避嫌疑，不答應則已，既已答應，便把守衛長沙視為當然責任。他事事過問，樁樁關心，凡他經辦的事，無論巨細，沒有一件不是有條不紊、妥妥帖帖。並且主意特別多，在他面前，幾乎沒有難事，而各種建議又都能被張亮基改採納，並立刻付諸實施。左宗棠的知識和才能得以施展，有了用武之地，一生功名也從此開始。

太平軍圍攻長沙三個月久攻不下，只得放棄湖南。左宗棠在謀劃用兵的同時，向張亮基提出了整飭吏治的建議。張亮基完全接受，許多部署也大都按左宗棠的方略行事。一八五三年，張亮基調任山東巡撫，左宗棠也辭職重返東山。

新任湖南巡撫駱秉章，也邀請左宗棠出山，他總是不肯。直到一八五四年春，在大家的勸說下，左宗棠才又出來，重入駱秉章幕。此後，駱秉章和張亮基一樣，對左宗棠言聽計從，對其軍事策劃無不信任，對他所行文書畫，概不檢校。能取得這樣的信任，自然能放開手腳大幹一番。因此，左宗棠亦以「士為知己者死」的勁頭，一直在駱秉章幕下襄辦軍務，前後達六年之久。

在這期間，左宗棠協助駱秉章內謀守禦，外籌軍備，費了不少心思。一方面要整飭吏治，把此前各路失守的負責軍官予以甄別整肅，斥退所謂「團練不力」的地方官員。另一方面要充實軍餉軍械，製造船炮，補充水師。但當時軍費奇缺，為了開闢財源，增加收入，決定設置釐局，向商賈徵收釐金（即商業稅），用以充實軍餉。同時，左宗棠還協助辦理減漕，廢除向農民徵繳漕糧的一切陋規，另定減免辦法。這樣，既減輕了農民負擔，同時又充實了軍餉，補充了各縣開支，一掃以前漫無標準、浮收濫取的弊病。這些措施都收到了明顯的效果，使駱秉章能順利地督撫湖南，支援鄰省。左宗棠的軍事謀略和經濟管理才華也初露鋒芒，名聲也日漸增大。以至於當時人們評論：「駱

秉章之功，皆左宗棠之功。」（郭嵩燾和王闓運語）「國家不可一日無湖南，湖南不可一日無左宗棠。」（潘祖蔭語）

西元一八六〇年，左宗棠因樊燮案的牽連，向駱秉章提請辭職，結束了他的幕客生涯。不久左宗棠得到詔令以四品京堂候補，隨同曾國藩襄辦軍務。左宗棠遵照曾國藩的指示，在長沙招兵買馬，從而建立了四個營，每營五百人，四個總哨，每哨三百二十人，另外增選最精銳的勇士二百人，分成八隊，作為親兵。又將王珍舊部一千四百人接收過來，不改編原來的編制，全軍共五千人，全部屯駐長沙城南金盤嶺，由王開化總領全軍營務，劉典、楊昌浚為副手，積極從事訓練。從此組建了有名的楚軍，實現了他獨率一軍親臨前線的願望。

西元一八六一年十二月，左宗棠奉命督辦浙江軍務。西元一八六二年一月，被正式任命為浙江巡撫，集軍政大權於一身，成為一名獨當一面的清政府大員，時年正好五十歲。西元一八六三年，清政府又任命左宗棠為閩浙總督，仍兼浙江巡撫。西元一八六四年，太平天國起義被清政府所鎮壓。

早在第一、二次鴉片戰爭中，英法等外國侵略者依仗船堅炮利，橫行中國沿海地區，一再打敗清政府，迫使清政府不得不訂立喪權辱國的《南京條約》，對此，稍有愛國心的中國人無不切齒痛恨。所以，早在第一次鴉片戰爭期間，林則徐就指出：要學習西方，製造堅船利炮以禦外侮。魏源也提出了「師夷長技以制夷」的口號。隨著太平天國運動的失敗，階級矛盾退居次要位置，中原民族與國外列強的矛盾逐漸上升。一些地主階級開明派開始辦洋務，洋務運動興起。在這種形勢下，左宗棠繼承和發展了魏源「師夷長技以制夷」的愛國思想，投入到洋務運動中，開始創辦福州船政局。

左宗棠早在青年時期，就仔細研讀過唐宋以來官方和私人史書中記述的有關「海國故事」，深知海軍對國防及貿易的重要性。在鴉片戰爭期間，左宗棠雖偏居山區，消息閉塞，但還是極為關心戰局形勢的變化。從他的《上賀蔗農先生》書中，可以看出他提出的反侵略戰略戰術和愛國思想，與魏源《海國圖志》中的《籌海篇》、《林則徐集》奏稿中《密陳夷務不能歇手片》中的見解大致相同。他積極主張建立自己的海軍，特別重視製造輪船對鞏固國防的作用。他曾致函總理衙門說：「中國自強之策，除修明政事，精練兵勇外，必應仿造輪船，以奪彼族之所恃。此項人斷不可不羅致，此項錢斷不可不打算。」西元一八六四年，他在杭州，曾覓匠仿造過一艘小輪船，船形及輪機均與外國輪船相似，在西湖試航，行駛緩慢。據手下的法國退役軍官德克碑及稅務司日意格說：「大致不差，惟輪機須從西洋購覓，乃臻捷便。」後左宗棠因忙於入閩督師和赴廣東鎮壓太平軍餘部，所以無暇定議。到西元一八六六年春，太平軍餘部被殲，左宗棠由粵返閩，籌建船廠的問題才終於被提上了議事日程。

經過一番籌劃之後，左宗棠於西元一八六六年六月向清政府遞上《擬購機器雇洋匠試造輪船先陳大概情形摺》，說明他準備設局製造輪船的目的和計畫。首先，他把設局造船作為保衛祖國海疆、防範外國侵略的重要手段。指出：「我國家建都於燕京，天津實為要鎮。自海上用兵以來，泰西各國火輪兵船直達天津，藩籬竟成虛設，星馳飆舉，無足當之……臣愚以為欲防海之害而收其利，非整理水師不可；欲整理水師，非設局造輪船不可。泰西巧而中國不必安於拙也，泰西有而中國不必安於無也。」他認為購買機器製造輪船已成為刻不容緩之舉，成一船即練一船之兵，五年後成船較多，可以布防沿海各省，遙衛津沽。其次，他還強調製造輪船對發展沿海貿易、抵制外國海輪操縱沿海運輸的重要作用。指出自准許洋船裝載北貨行銷各口以來，北方貨物騰貴。江浙富商以海船為業者，往北方購買貨物，價本愈增，運回南方，「費重行遲」，不能減價以抵洋商，時間愈長消耗愈厲害，最後，只有虧本歇業。他認為，如果怕海船擱朽，可以作商船使用，他說：「目前江浙海運即有無船之慮，而漕政益難措手，是非設局急造輪船不為功。」由於受社會歷史條件的限制，當時左宗棠可能不十分瞭解兵船和商船的區別，認為輪船可以兼兵船和商船之用，既能夠達到鞏固國防的目的，又可以在經濟方面發揮作用。因此，他聲稱：新造成的輪船，平時可用來運輸漕糧，完成運漕任務後則聽商僱用，薄取其值；一旦海疆出現敵情，則專聽官方調遣，隨時出擊。他由此推論說：「輪船成，則漕政興、軍政舉，商品之困紓，海關之稅旺，一時之費，數世之利也。」再次，左宗棠認為，福州船政局開辦後，還可「添機器，觸類旁通，凡製造槍炮、炸彈、鑄錢、治水，有適民生日用者，均可次第為之」。

清政府於西元一八六六年七月十四日發布上諭，肯定「試造火輪船隻實係當今應辦急務」，批准籌建馬尾船政局。左宗棠兼任首屆船政大臣，聘請法人日意格、德克碑為正、副監督，計劃興建鐵廠、船漕、船廠、學堂、住宅等工程，並向外國訂購機器、輪機、大鐵船漕等。聘請法英兩國工程技術人員。還設立了求是堂藝局，挑選「資性聰穎、粗通文字」的子弟入局學習，聘請熟悉中外語言文字的洋教師教習英文和法文以及有關造船、駕駛等方面的學問。左宗棠還制定了《船政事宜十條》和《藝局章程》，他們既確定了有關輪船和學堂的規章制度，也勾畫出船政局的基本輪廓，同時還反映了左宗棠的建廠思想。左宗棠所籌建的船政局，不僅是一座製造船艦的工廠，而且是一個培養海軍人才的基地。福州船政局創辦的求是堂，可以說是中國最早的、最現代化的海軍學校、造船工程學校和造船技工學校，也是左宗棠提倡務實以培養有用人才的成功體現。藝局規模從最初提議招募藝童六十名，到西元一八七二年增至三百餘名。藝局分為前學堂和後學堂，前學堂由法國教師講授法文、數學、物理、化學以及有關輪船製造的課程，又稱法國學堂；後學堂由英國教師講授英文、天文、地理、數學以及管輪和駕駛等課程，又稱英國學堂。為了滿足實際需要，船政局後又增設了繪事院和藝圃。繪事院主要是培養繪製船圖、機器圖以及測算方面的人才；藝圃的目的則在於培養青年技工。當時左宗棠的目的就是培養一批精通洋務、把「聰明寄於實」的有用人才，以擺脫列強挾制，並謀求自強。從這裡培養出來的六百二十八名航海、造船、蒸汽機製造方面的管理、駕駛及工程技術人員，為發展中國造船工業和創建海軍做出了重要的貢獻。特別是船政學堂畢業的學生，一大批成為船政局、福建水師、北洋水師的骨幹力量。如鄧世昌、林永升、劉步蟾、林泰曾等都是船政學堂的首屆畢業生。此外，中國近代傑出的鐵路工程師詹天佑、傳播西方文化的啟蒙思想家嚴復，也曾就讀於船政學堂。從這裡我們可以看出左宗棠長遠的戰略眼光。他曾特別強調說：「茲局之設，所重在學造西洋機器以成輪船，俾中國得轉相授受，為永遠之利，非如雇買輪船之徒取濟一世可比，其事較雇買為難，其費較雇買為巨……竊謂海疆非此，兵不能強，民不能富；雇募僅濟一時之需，自造實無窮之利也。」福州船政局創辦之初，左宗棠由閩浙總督調任陝甘總督，船政局的具體經營由船政大臣沈葆楨負責，但左宗棠首創船政局的功績是不可埋沒的。

三、「海防」、「塞防」之爭

一八六六年十月，正在籌建福州船政局的左宗棠接到清政府調他任陝甘總督的命令。為了安排船政局事務，他奏請推遲二個月才離開福州。從此開始了他在西北的事業。

當時西北的局勢非常嚴重。新疆古稱西域，從漢代開始就是中國不可分割的一部分。漢代以後，歷代都在西域設有政權機構，管轄這片土地。清康熙年間，為了維護祖國的統一，安定邊境秩序，清政府出兵平定了準噶爾部封建主噶爾丹的叛亂。一七五五年、一七五七年清政府又兩次出兵討伐準噶爾部上層封建主的叛亂，略定南疆。一七五九年十二月十三日，清政府將西域改名新疆，設立了伊犁總統將軍為首的各級軍事、行政機構，統轄包括巴爾喀什湖以及帕米爾在內的廣大新疆地區。通常天山以南稱南疆，天山以北稱北疆。新疆既是我國西北邊疆的戰略要區，又是中國通向中亞的交通要道。

由於長期以來清統治者在西北地區採取「以漢制回」的政策，常常發生仇殺事件，日積月累，仇恨滋生，勢必官逼民反。在太平天國運動期間，陝西、甘肅爆發了回民起義，新疆地區也爆發了維吾爾、回族等人民起義。但起義一開始，領導權就被各族封建主和宗教上層分子所篡奪，形成了互不統屬、各據一方的混亂局面。如在陝西的董福祥、白彥虎，甘肅的馬化龍，在新疆地區有以庫車為中心的黃和卓政權，以烏魯木齊為中心的阿訇妥得璘（妥明）政權，以喀什噶爾為中心的回族封建主金相印、柯爾克孜族封建主思的克伯克為首的政權等。這些上層分子，對外依靠英俄帝國主義，對內殘酷剝削壓迫人民，掠奪了大量財富，並且還提出排滿、反漢、衛教等反動口號，蠱惑人心，使起義的反封建性逆轉為各封建統治集團之間爭權奪利的鬥爭，人民仍生活在水深火熱之中。特別是在西方列強頻頻入侵、民族危機日益嚴重的形勢下，回族中一些封建主，竟直接、間接地勾結外國侵略勢力，為虎作倀，損害回族人民的根本利益。例如馬化龍盤踞的金積堡，便有洋槍近三千支，還有專人負責與洋人的交往。又如盤踞肅州的馬文祿，與新疆割據勢力相勾結，當沙俄侵占伊犁時，堵住清軍入疆的必由之路。因此，當時回軍割據集團的存在，對於維護祖國領土主權的完整，捍衛中華民族的整體利益，是一個嚴重的障礙。所以，障礙不除，道路不通，就無法用兵新疆，也難以抵禦外敵。

左宗棠來到陝甘後，從全局考慮，開始節節西進，先後占領金積堡、河州、肅州等，打開了由內地入疆的大門。

此時，新疆則在阿古柏政權統治之下，並同時被英俄兩國所覬覦。

西元一八六四年九月，金相印攻陷喀什噶爾的疏附（回城），但久攻喀什噶爾的疏勒（漢城）不下，便向中亞的浩罕國求援。西元一八六五年春，浩罕統治者派遣軍事頭目阿古柏率軍進入新疆，侵占喀什噶爾。接著又攻陷英吉沙爾、庫車、阿克蘇等地。這年秋天，一支在塔什干被沙俄打敗的浩罕敗兵七千多人侵入南疆，投奔阿古柏。西元一八六七年，阿古柏悍然宣布成立「哲德沙爾汗國」（哲德沙爾，七城之意，指喀什噶爾、阿克蘇、庫車、莎車、葉爾羌、吐魯番、和闐），自稱「畢條勒特汗」（意謂洪福之王）。當地各族人民大批淪為奴隸，阿古柏對新疆實行了極為殘暴、野蠻、黑暗的異族統治。為了鎮壓人民的反抗，阿古柏還建立起一支由五六萬人組成的反動武裝，實施他的殘暴統治。

十九世紀中葉以後，英、俄兩國在中亞的殖民統治癒演愈烈。西元一八六五年六月，俄軍占領浩罕的塔什干城，迫使浩罕成為它的附庸。次年，俄軍占領撒馬爾罕城。西元一八六七年，沙俄在塔什干城設立「土耳其斯坦總督府」，勢力達中國邊境。同樣，英國自征服印度後，對中國南疆地區也是垂涎三尺。從西元一八六五年起，多次進入南疆活動。南疆地區成為英俄兩國殖民競爭的角逐場所。所以，阿古柏政權在南疆的出現，自然引起了英俄的極大關注，它們都力圖把阿古柏置於自己的控制之下，使它成為自己入侵新疆的工具，而阿古柏也想尋找一個強有力的主子，作為自己的保護傘，所以，在新疆問題上，中英俄三國之間的外交關係極為複雜。

沙俄在西元一八六六年與阿古柏的守邊官吏訂立所謂協議，約定雙方互不干涉對方的行動，沙俄軍隊被允許進入南疆追捕逃犯，沙俄也給喀什噶爾同樣的權利。後沙俄又乘中國西北地區的動亂、清政府無暇西顧之機。在西元一八七一年七月上旬，侵占了伊犁九城地區。「設官置戍，開路通商，曉示伊犁永歸俄轄」。後又通知清政府表示「俄國無久戰之意，是代為收復」。沙俄侵占伊犁後，還竭力扶植阿古柏匪幫，目的是使阿古柏變成它的忠實走狗，擴張它在南疆的侵略勢力，並使阿古柏在新疆割據自雄，使新疆長期陷入混亂狀態，沙俄得以藉口拒絕交還伊犁。

英國在西元一八七三年後，也加緊了拉攏阿古柏的外交活動。雙方互有來使，西元一八七四年二月，阿古柏與英國在喀什噶爾訂立了《英國與喀什噶爾條約》，共十二款，主要內容是：英國承認「哲德沙爾汗國」為獨立國；英國在南疆取得通商、低稅、領事裁判權；英國臣民得在阿古柏統治地區購買或租用土地、房屋或貨倉，沒有占有者的同意，不得強行進入搜查等。此後，阿古柏也從英國得到了步槍六萬支和修理廠的設備，成為英國肢解新疆的工具。

在英俄的支持下，阿古柏把他的勢力向東擴張到吐魯番以東的辟展，並橫越天山向北擴張到烏魯木齊、瑪納斯，加上沙俄侵占了伊犁，因此，清軍反而限於塔爾巴哈台、古城、哈密一帶的狹小地區，新疆幾乎淪為異域。因此，驅逐侵略者，收復新疆，成為各族人民的共同心願。在這種民族危機的緊要關頭，左宗棠提出了恢復舊山河、征討阿古柏匪幫的愛國要求。並且不顧年老體弱，挺身而出，毅然承擔起收復新疆的重任。他在給部將劉錦棠的信中說：俄人侵占黑龍江以北之地後，「形勢日迫，茲復窺吾西陲，蓄謀既久，發機又速，不能不急為之備。俄人戰事，與英法略同，然也非不可制者。本擬收復河湟後即乞病還湘，今既有此變，西顧正殷，斷難萌退志，當與此虜周旋」。他寫信給兒子說：「西事無可恃之人，我斷無推卸之理，不得不一力承當。」在給其他家人的書信中也說：「西事艱阻萬分，人人望而卻步，我獨一人承當，亦是欲受盡苦楚，留點福澤與兒孫，留點榜樣在人事耳。」「我年逾六十，積勞之後，衰態日增……腰腳則疼疼麻木，筋胳不舒，心血耗散，時患健忘，斷不能生出玉門關矣，惟西陲之事，不能不預籌大概。」由此可以看出，左宗棠收復新疆、長治西陲的決心和信心。

西元一八七三年春，左宗棠在寫給總理衙門的覆信中詳細分析了敵我雙方形勢，並明確提出了收復新疆的具體方案。他指出：「就兵事而言，欲杜俄人之狡謀，必先定回部；欲收伊犁，必先克烏魯木齊。如果烏城克復，我武維揚，興屯政以為持久之謀，撫諸戎俾安其耕牧之舊，即不伊犁，而已隱然不可犯矣。烏城形勢既固，然後明示以伊犁我之疆索，尺寸不可讓人。」這是一個非常有見識和謀略的方案。因為左宗棠認為，沙俄侵占伊犁，恐怕用談判交涉是很難收回的，終究要靠戰鬥收回。

西元一八七四年，清政府任命烏魯木齊都統景廉為欽差大臣督辦新疆軍務，金順為幫辦大臣。

隨後又任命左宗棠督辦糧運事宜，以內閣學士袁保恆為幫辦。這樣，用兵新疆的行動開始籌劃部署，左宗棠積極籌備餉糧、整頓部隊，秣馬厲兵。但由於四人之間意見不一，爭執很多，西征並不能順利進行。更不幸的是，西元一八七四年，日本入侵臺灣，九月，中日簽訂《北京條約》，沿海各省吃緊。當時執掌朝中大權的直隸總督、內閣大學士兼北洋通商大臣李鴻章，為了擴大自己的政治資本，鞏固自己的政治地位，乘機建立由他控制的北洋海軍，竟冒天下之大不韙，公然提出放棄西陲重地新疆，西征軍應「停兵撤餉」，移「西餉作海防之餉」的賣國論調。由此，在清政府內部引發了一場「塞防」與「海防」的激烈爭論。

李鴻章在他的《籌議海防摺》中，大發謬論，認為國防的重點在海防，不在西北邊防。歷代備邊，多在西北，但自鴉片戰爭以來，戰爭多在沿海，東南海疆萬餘里，各國通商傳教，一國生事，各國構煽，一旦生釁，防不勝防，應該集中餉力，加強海防，於練兵製器的同時，還應購買鐵甲艦六艘，每艘一百萬兩，炮艇十艘以及其他輔助艇船。這樣可以組成水師艦隊，沿海防務，「聲勢較望」。他還認為，中國只能「力保和局」，不能進兵新疆，開罪英俄兩國。他在奏摺中說：乾隆年間勘定新疆，「徒收數千里之曠地，而增千百年之漏巵，已為不值」，無事時，每年協餉三百餘萬。並認為現在阿古柏盤踞南疆，新疆北鄰俄國，西接土耳其、波斯各國，南靠英屬印度，「既勉圖恢復，將來斷不能久守」；就中國目前形勢而論，國家力量有限，實不及專顧西域」。最後他說：「新疆不復，於肢體元氣無傷，海疆不防，則心腹之大患愈棘。」並得出結論，對已出塞和準備出塞的各軍，可停則停，可撤則撤，其撤停之餉，即均作海防之餉。」

李鴻章的這些論調對於正在準備的西征軍來說等於釜底抽薪。當時左宗棠在西北握有重兵，正在為收復新疆而籌建西征大軍。這時李鴻章卻出來阻撓破壞。一時間，「邊疆無用論」、「得不償失論」、「出兵必敗論」等甚囂塵上，新疆面臨著令人擔憂的命運。在此關鍵時刻，左宗棠挺身而出，力排眾議，據理力爭，主張要東西兼顧，海防、塞防並重。

西元一八七五年三月十日，清政府曾密諭左宗棠：「現在通籌全局，究竟如何辦理之處，著該大臣酌度機宜，妥籌具奏。」並要他對關外將帥、軍隊能否勝利，如何調度「通盤籌劃，詳細密陳」。左宗棠接旨後，針對李鴻章的論調，立即於四月十二日呈上《復陳海防塞防及關外剿撫糧運情形摺》和《遵旨密陳片》，詳細分析了敵我形勢，激昂、誠懇地陳述了自己的見解：

首先，在奏陳國防形勢時左宗棠指出新疆必須收復。他認為，從歷史上看，「周、秦、漢、唐之盛，及其衰也，先捐西北，以保東南，國勢浸弱」，以致滅亡。故只有保住西北，才可控制東南；光想保住東南，不但保不住東南，勢必最後連西北都失掉。他說：乾隆年間勘定新疆，「當時盈廷諸臣頗以為開邊未已，耗斁滋多為疑。而高宗（乾隆帝）不為所動，用意宏深」。我國定都北京，蒙古環衛北方，多年來無烽燧之警，不僅前代的九邊皆成腹地，即由科布多、烏里雅蘇台以達張家口，亦皆分屯列戍，斥堠遙通，然後畿輔之地太平無事，因此，「重新疆者，所以保蒙古，保蒙古者所以衛京師，西北臂指相聯，形勢完整，自無隙可乘」，反之，新疆不固，則蒙古不安，不僅陝西、甘肅、山西「時虞侵軼，防不勝防，即直北關山，亦無宴眠之日」。所以，新疆必須收復。為了收復新疆，左宗棠提出要收復烏魯木齊，否則，新疆無總要可扼。因為新疆天山南、北兩路有富八城、窮八城之說。富八城都在烏魯木齊、阿克蘇以西，這裡土地肥沃，物產豐富。而窮八城是指烏魯木齊以東四城和哈密向南而西抵阿克蘇的四城。前者地勢高寒，山溪多而平川少，後者地勢偏狹，中多戈壁。從南、北兩路的軍事地理形勢而言，北八城廣，南北城狹，北可制南，而南不可制北，所以，乾隆時先定北路，再及南路，用富八城的財富，養我在新疆分屯列戍之兵。退一步說，即使「畫地自守，不規復烏魯木齊，則無總要可扼」。若此時即停兵撤餉，自撤藩籬，「我退寸而寇進尺，不獨隴右堪虞，即北路科布多、烏里雅蘇台等處，恐也未能安然」。何況停兵節餉，於海防未必有益，於塞防卻大有妨礙。

其次，左宗棠還分析了當時的形勢。他說：就目前形勢而論，西方國家斷不至於在沿海挑起戰爭，而關外賊氛極熾，收復新疆有燃眉之急。再說沿海船廠加緊造船，購船之費可省。另外，海防本有經常之費，加強海防，所缺經費無多。「夫使海防之急倍於今日之塞防，隴軍之餉，裕於今日之海防，猶可言也」。而事實上，塞防經費不足，所部官兵連年欠餉達八百餘萬兩，一年只發一月滿餉，即使停兵撤餉，對海防也無多少好處。而且烏魯木齊未復，萬無撤兵之理，即使收復烏魯木齊，定議畫地而守，以徵兵變為戍兵，也是「地可縮而兵不能減，兵既增而餉不能缺」，所以停兵撤餉根本無從談起。

再者，針對當時李鴻章等人認為，收復新疆是辦不到的，左宗棠認為，新疆賊氛雖熾，但盤踞烏魯木齊附近的叛國逆匪白彥虎所部等，「能戰之賊，至多不過數千而止」，不難一鼓殲滅。阿古柏盤踞南疆，與白彥虎串通一氣，目前首鼠兩端，「跧伏未動」，故就用兵的策略而論，首先應集中力量進剿白彥虎，收復烏魯木齊，然後再審勢而定大軍行止。並且只要「剿撫兼施」，「糧運兼籌」，西征是可以取得勝利的。為了表明自己的心跡，左宗棠上奏說：「臣年已六十有五，正苦日暮途長，乃不自忖度，妄引邊荒艱巨為己任」，實有「萬不容已者」，新疆「若此時即便置不問，似後患環生，不免日蹙百里之慮」。

另外在《遵旨密陳片》中，左宗棠還建議調整前線將帥，以景廉之任改為金順，把「同役不同心」的袁保恆調離，建立一個有權威、有效率的指揮部。

以上我們可以看出左宗棠在新疆問題上的精闢見解。

左宗棠的正確主張，得到湖南巡撫王文韶的贊成，特別是得到了執政的武英殿大學士、軍機大臣文祥的支持，文祥認為「以烏垣為重鎮，南鈐回部，北撫蒙古，以北禦英、俄，實為邊疆久遠之計」，遂「排眾議之不決者，力主進剿」。這樣，清政府終於下定了用兵收復新疆的決心。

西元一八七五年五月三日，清政府發出六百里加緊諭旨：任命左宗棠為「欽差大臣、督辦新疆軍務」，授予他籌兵、籌餉、指揮軍隊的全權，並明令將鎮迪道歸陝甘總督統轄，同時基本採納了左宗棠建議的人事安排，景廉和袁保恆一併調京，金順調補烏魯木齊都統，幫辦新疆軍務，重新組建了西征軍的最高指揮部。從此揭開了用兵新疆的戰幕。

四、揮師新疆的準備

左宗棠對西北和新疆問題早就有獨到精闢的見解。早在西元一八三三年，左宗棠二十二歲時，他在進京會試出闈後，就把平日對於時局的觀念，吟成《癸巳燕台雜感》八首，其中第三首說：

西域環兵不計年，當時立國重開邊。
槖駝萬里輸官稻，砂磧千秋此石田。
置省尚煩他日策，興屯寧費度支錢。
將軍莫更紓愁眼，中原生計亦可憐。

從中可以看到左宗棠對鞏固西北邊疆的抱負。他高度評價了康熙、乾隆年代的「立國重開邊」，也譴責了歷代封疆大吏的不善經營，並瞭解到西北運輸和給養的困難，也早早意識到新疆該建行省，該興屯墾。後來在二十七歲時，左宗棠又很細心地研究有關西域的圖書。西元一八五〇年，左宗棠在跟林則徐舟中夜談時，雙方就對西北的軍政事務，見解極為一致。臨別之前，林則徐將自己在新疆整理的寶貴資料，包括新疆地理觀察數據、戰守計畫，以及俄國在邊境的政治、軍事動態等，全部交付給左宗棠。並且說：「吾老矣，空有禦俄之志，終無成就之日。數年來留心人才，欲將此重任託付。東南洋夷，能禦之者或有人；西定新疆，舍君莫屬。以吾數年心血，獻給足下，或許將來治疆用得著。」以至於海外傳聞當時送別時，林則徐拍著左宗棠的肩膀說：「將來完成我的大志，唯有靠你了。」如今，左宗棠年輕時代的志向、林則徐的遺願，就要變成現實了。左宗棠雖已六十四歲，疾病纏身。但為了爭取西征的軍事勝利，使金甌罔缺，他置個人的生死、利害得失於外，排除各種干擾困難，調整人事權，整頓部隊，做西征的準備工作。

對於西北軍事，左宗棠認為：「籌餉難於籌兵，籌糧難於籌餉，籌轉運難於籌糧。」正是由於這個認識和由此而提出的因時、因地的對策，左宗棠才取得了西征的勝利。

所謂籌兵之難，是指沒有可用之兵。當時，陝甘兵力除了本省原有的制兵和臨時招募的勇營外，還有各方調撥的湖北軍、四川軍、貴州軍、湖南軍、安徽軍、吉林馬隊、黑龍江馬隊等。由於系統不同，所以很難指揮。並且這些軍隊按編制說，多數並不足額；按素質說，多數沾染軍營惡習，根本沒有戰鬥力。而新疆的原駐之兵，有錫伯、索倫、達呼爾、察哈爾、蒙古、厄魯特，及綠營攜眷兵、換防番戍兵，等等，更是雜亂無章。而南方兵又往往不喜歡到北方去，所以，可用之兵極少。

而籌餉之難又難於籌兵。西北地區，歷來貧困。當時，清政府政治腐敗，財政紊亂，國庫空虛，甘肅和新疆的經費，即便在平時，也要靠江蘇、浙江、四川等省的接濟。西征軍的經費，主要依靠各省協餉，而海防經費也大多來自各省協餉，而此時由於南方各省都剛歷經戰亂，自己財力也很支絀。加之李鴻章時時處處與西征軍爭餉，經過五年兵事後的西北物價高漲，致使西征軍餉銀窘困不堪。有時連鹽菜、馬乾、官兵一年發一月滿餉的餉銀都發不出來。單是陝甘兩省部隊餉項，每年已缺五百萬兩，而軍裝和軍火等項價款和運費還不算在內。所以即便有了可用之兵，也沒有可支之餉。

而籌糧之難是指無糧可購。本來西北糧食生產就不夠。而連年戰亂，使得人口銳減，田地荒蕪，生產嚴重破壞。根本不可能供給大量兵馬的消費。左宗棠雖然也主張舉辦屯田，以求自給自足，但不能隨時隨地就有收穫，還需多方採購。他認為，短時期內在一個地方採購大批糧食，必然會使糧價暴漲，影響當地人民生活，使百姓無法過活。何況在西北即使把一兩個地方的存糧統統搜刮下來，也無濟於事。所以即使有了餉，未必有糧可購。

籌轉運又難於籌糧。由於西北地勢所限，不通舟楫。加上地廣人稀，再經戰亂，逃亡流徙，勞動力極為缺乏。不像東南地區可以靠船舶人力。西北的運輸工具，只有車駝。過高的山地不便行車，沙漠地區又只能行駝。而這些運輸用的牲口，由於歷年戰亂，大量減少，很難雇到、買到。還有些交通路線，必須找有水可喝的地方歇腳。再加上牲口運糧本身就需要食物，不能就地取給，須隨身裝載。所以，長途搬運，所得實在有限。即便是有了糧，也很難盡量、盡快轉運。按照左宗棠的精密計算：就關內說來，要花兩石的糧價，才能運到一石的糧。至於關外，要十石的糧價，才能運到一石的糧，可見運輸問題的嚴重。

從以上所談，我們可以看出用兵新疆的艱難。也正是基於這種認識，所以左宗棠認為，自古在西北邊塞用兵，絕不能人數太多，最好只使用最少的精兵，兵數越少，消費也越少，餉、糧、運就都比較容易解決了。

在進兵新疆已成定局後，左宗棠開始著手解決一系列的棘手問題。

首先，整頓部隊，統一人事權，革黜庸將，整肅軍紀。

成祿，早在西元一八六七年一月清政府就命令任烏魯木齊提督的他進駐哈密，為景廉後援，但六七年來，成祿始終畏縮不前，滯留高台，剋扣軍糧，虛報勝仗，作威作福。西元一八七〇年九月十日，阿古柏侵占烏魯木齊，新疆形勢萬分危急，清政府嚴令成祿出關，增援督辦新疆軍務的景廉，但成祿置若罔聞，視陝甘總督若有若無，不受節制。左宗棠忍無可忍，嚴劾成祿。成祿被革職拿問，所部十二營經過整頓，並成三營，歸景廉節制調遣。

穆圖善，西元一八六七年曾署理陝甘總督，後領兵督辦蘭州防務。他人還老實，但用人不當。所部虛額極多，紀律廢弛，橫虐人民，四處剽掠。西元一八七三年，左宗棠上奏請將穆圖善所部步隊「概予遣撤，以節虛糜」。西元一八七五年，穆圖善調京供職。

金順，軍功起家。所部號稱二十餘營，按照官兵實數，挑強汰弱，包括整頓後的成祿所部，歸併成二十營。

景廉，西元一八七一年，任烏魯木齊都統，西元一八七四年改授為欽差大臣督辦新疆軍務。但他只圖苟安目前，不求進取，與左宗棠同役而不同心，遇事齟齬掣肘。並且虛報兵數吃空額，師無紀律，士無鬥志。因此，左宗棠建議景廉內調，由金順暫管關外軍務，並責令金順將景廉所部整頓，由原來的所謂三十四營，最後裁併為十九營。

另外，左宗棠在西元一八七三年十一月四日攻陷肅州後，為了適應西征的需要。對他所指揮的主力湘軍也大事整編遣汰，剔除空額，汰弱留強，嚴禁虛額冒濫。他規定，凡是不願出關西征的，不論是軍官還是士兵，一律資遣回籍。既經整編成軍，即不准擅離軍營，違者重懲。

左宗棠在整頓部隊的同時，嚴肅軍紀，他嚴令所部官兵，不得到處勒索、騷擾百姓，違者嚴懲不貸。並向官兵宣布，不許官長剋扣勇丁糧餉。如遇這種事情，准許勇丁向上級「哭訴」，上級一定代為做主。他言出法隨，令行禁止，一遇此種情況，不管官職多高，立即予以懲辦。

經過一番大刀闊斧的整頓、集訓、裁減冗員，既精減了兵力，提高了戰鬥力，又減輕了軍糧、軍餉的負擔。組成了一隻由漢、回、滿等民族構成的西征大軍。這支軍隊主要包括劉錦堂統率的湘軍二十五營、張曜統率的嵩武軍十六營，還有金順統率的四十餘營，徐占彪的蜀軍七營。後由於兵力不足，左宗棠還先後奏調金運昌部皖軍十營、易開俊部湘軍七營、譚上連部湘軍四營、徐萬福部湘軍四營等，總兵力為七、八萬人。

其次，籌措西征餉銀，這也是左宗棠急需解決的問題。打仗離不開軍餉，而像恢復新疆這樣大的軍事行動，當然更需要大量的經費。

西征軍官兵七、八萬人，每年需餉銀六百餘萬兩，外加出關糧運經費每年計二百多萬兩，一年共需軍費實銀八百餘萬兩。而當時甘肅全省一年的丁糧收入只有二十餘萬兩，陝西省也不過四十萬兩。由於地方經濟困窘，西征軍的餉銀要靠各省協餉支應。但由於各省的年成有豐歉，釐金有旺衰，還有各省督撫與左宗棠的私交好壞等因素都直接影響到對西征協餉能不能按期遞解。從西元一八七四年四月到十一月，西餉僅收到餉銀三百多萬兩，各省拖欠嚴重。西元一八七四年冬，左宗棠上奏說：現在將近年底，總須年底以前力求發出一月滿餉；同時，明春應發各軍鹽菜、糧價、馬乾等款都無著落。經過反覆考慮，他說不借洋商巨款，無以濟燃眉之急。清政府由於無力撥解巨款解決西征餉銀的問題，只好同意左宗棠向英國怡和洋行借款三百萬兩，其欠款和息銀由江蘇、浙江、廣東三省應協西餉償還。到西元一八七五年下半年，西征軍缺餉情況更為嚴重，欠餉已達二千六百餘萬兩之多。當時，一部分部隊已挺進，另一部分因缺餉，不能進疆。同時部隊還繼續整編，需大量餉銀補發被裁遣官兵的欠餉和遣送回籍的路費。同時還派員到各路採購軍糧，轉輸新疆，也需餉銀。而西征的準備工作，如添購駝、騾、馬匹、皮棉衣褲、鑼、鍋、皮碗口袋、帳篷、旗幟、號褂、應更換的軍械、火器、火藥等都需餉銀才能進行。另外，左宗棠從長遠利益考慮，從鞏固新疆的後方著眼，要安撫流亡，恢復生產，他命令甘肅地方官大量散發種子、種羊，設立粥廠，發放賑濟款項等，這也是一筆不能省的巨大開支。所以，左宗棠向清政府鄭重聲言：如果各省不立即採取緊急措施，及時撥解西餉，那麼「現辦諸事無項支銷，待發諸軍無款散給，而前途局勢難言。鹽菜馬乾糧、年終滿餉，及准假勇夫不能照舊發給，而後局勢難言矣！」等到時機已誤，然後再議補救之策，則花費更多，恐怕很難爭取到像目前這樣的局勢了。在整個西征過程中，左宗棠不斷運用犀利而帶感情的文筆，說明「塞防」的艱難，要求清政府催促有關各省迅速遞解協餉。

在西元一八七六年，西征軍欠餉增至兩千七百萬兩，不得已，左宗棠提出，請允許借洋款一千萬兩。「仍歸各省、關應協西征軍餉分十年劃扣發還……以便迅赴戎機。」雖然李鴻章反對借貸洋款，但清政府看到，如果經費掣肘，新疆收復無望，足以動搖清政府的統治。特別是一旦西征軍因無餉嘩潰，關內外將不堪設想。因此，清政府命令由戶部在所收海關洋稅項下一次提撥二百萬兩，由各省關餉西征協餉提前撥解三百萬兩，由左宗棠自借外債五百萬兩，合計一千萬兩。對於向洋商借款，雖說是迫不得已，但左宗棠認為是奇恥大辱，深感內疚。在西征過程中，左宗棠為籌餉費盡了心思，排除了各種干擾，終於使西征軍度過了軍餉的危機。為西征的勝利創造了起碼的物質條件。

再次，購運糧料。有了餉銀並不等於有了糧。左宗棠早就說過：「糧運兩事，為西北用兵要著。事之利鈍遲速，機括全繫乎此。」出關作戰。戰線長達數千里，軍隊要經過浩瀚的沙漠，翻越峻峭的天山，軍糧的籌集和運輸都十分困難。從什麼地方採購糧料，從什麼路線轉運最為經濟合算，還有糧價、運費這些都直接影響到軍費的開支，在當時軍餉緊張的情況下，這些都需審慎抉擇。所以，儘管左宗棠身為一軍統帥，對糧運問題都是親自過問，慎重運籌。他就各軍官兵等人數所需積儲的糧食算了一筆細賬。步兵每營算勇丁五百人，長夫二百人，合七百人。馬隊每營算馬勇二百五十人，戰馬二百五十匹，一營馬隊，抵二營步兵。每一名勇夫口糧，每日淨糧一斤十兩。每匹戰馬每口支料四五斤，草十二斤。有多少部隊，就按這個標準籌備多少糧料。他說：少買不足供食，多買又太累贅。如果轉運前去，加上運費，耗費太重，非常不值。所以必須精打細算。尤其是採購糧食，左宗棠頗費心思。他先是經過認真的調查研究和精心考慮，反覆權衡，確定採糧地區一部分在甘州、涼州、肅州一帶，另一部分在寧夏、包頭、歸化等地，還有少量在外蒙烏里雅蘇台和科布多等地採購。這樣，左宗棠為了準備出兵新疆而在各地採辦糧食，分地儲存。截至一八七六年五月，由甘肅運至安西和哈密的糧食約一千萬斤，從俄國境內購糧四百八十萬斤運存古城，由哈密運存古城的約四百萬斤，由歸化和包頭運存巴里坤的約五百萬斤，從寧夏運存巴里坤的約一百萬斤。以上合計共兩千四百八十萬斤。有了糧食，如何轉運呢？像這樣一批糧食，如果以現代的交通工具來擔任運輸的話，載重五噸的卡車也需要兩千四百餘車次。而且由上述採糧地區經肅州或哈密到達巴里坤前線，路程都在三千五百里以上，長途轉運，車輛的調遣和油料的消耗都非常驚人。而西征軍當時都要靠人力或獸力來擔任運輸，所遇到的困難，是今人很難想像的。主要原因是路程太長，交通工具太落後，途中消耗的糧食太多。比如車運，一車載糧不過六百斤，一夫兩騾，日需耗糧二斤，料十六斤，途程四十多天，結果，車未到而糧已用完。駝運耗糧較少，每駝日餵料一升，一夫可以管五駝，每駝可負五百斤，日行八十里，到達時還有四百多斤的餘糧。比較起來，當然以駝運最為合適。但蒙古、新疆所產的駱駝有限，為了運輸二千四百餘萬斤的糧食需要雇數以萬計的駱駝，這就非常困難。不得已，只好根據道路情況及水草情況，酌情使用駝運和車運。至於各部隊出發，當然都要步行，還要隨身攜帶七八天的糧食，往往都是一袋十幾斤的生紅薯，餓了吃紅薯，渴了也吃紅薯，以致很多人見了紅薯就噁心。從此也可以得知，用兵新疆運輸的艱難。並且由於路程遠而運輸困難，所需的運輸費自然也多。例如在肅州購糧每百斤需銀五兩五錢，運到安西的運費是十一兩七錢，運到巴里坤是十五兩。也就是說運到巴里坤，運費為糧價的三倍。所以兵餉的支出相應增多。這也加重了籌餉的困難。

為了轉運糧食，左宗棠採取了各種辦法。在從涼州經哈密到古城這一段。總共三千五百四十里，採用官運和民運並進、節節轉運的運輸方式。從歸化、包頭和寧夏到巴里坤，由商駝包運，實裝實卸，損害最少。並且左宗棠的所有糧運，都支付相當的費用，絕不允許擾累民間，也不許與民爭利。這些措施都是實在而有效的。

在籌措軍糧時，左宗棠很注意處理好「軍食」和「民食」的關係，他說：「要籌軍食，必先籌民食，乃為不竭之源。」「奪民食以餉軍，民盡而軍食將從何出乎？」為了節約軍餉，當西元一八七四年張曜率軍進往哈密時，左宗棠立即指示他開荒籌糧。調動軍隊屯田的積極性。到西元一八七五年秋，嵩武軍開荒二萬餘畝，收穫淨糧白米八、九十萬斤，足供張曜所部使用二個月。

在興辦軍屯的同時，左宗棠還強調搞好民屯，並要求由官府發給百姓賑糧、種子、牛力，秋後照價買糧。使當地人民有利可圖。他說：若民屯辦理得法，則墾地較多，所收之糧除留種子及自家食用外，餘糧都可按價收買，何愁買不到軍糧？並且，還可以節省大量長途運輸的費用。

除糧運外，在其他後勤供應方面，左宗棠也採取了一系列措施，如在上海設立採辦轉運局，負責購運槍炮、彈藥、籌借外債，收集情報；在漢口設立後路糧台，轉運上海採購的軍需物資，又在西安設立一個總糧台和一個軍需局。西元一八七三年春，設立了蘭州兵工廠（蘭州機器局），西元一八七五年又建立了蘭州火藥局。這樣，自古以來所謂「兵馬未動糧草先行」的後勤供應問題得到了較好的解決。於是，左宗棠統率西征軍分頭向新疆進攻。

五、收復新疆

西元一八七六年四月四日，左宗棠從蘭州馳抵肅州，展開了對新疆的軍事行動。四月二十六日，左宗棠命令劉錦棠等統率西征軍主力挺進新疆。

由於運輸能量有限以及沿途水草缺乏等原因，出關部隊的行動處處都被限制在一定的範圍之內。因此，左宗棠在調查分析了敵我情況的前提下，制定了「緩進速戰」的戰略方針，並以此指導整個收復新疆的軍事行動。所謂緩進，是指當一批部隊進占一地後，先用營中的車駝將後方的糧料搬來儲存，隨後第二批部隊跟著駐進，騰出的車駝又可以回去搬運第二批糧料，然後第三批部隊又跟著進駐。這樣層層遞進銜接轉運，等到兵員和給養都達到足夠的數量，然後才對選定的下一個目標發動攻擊。當戰役結束後，還要掃蕩殘敵、撫輯流亡、休整部隊等。所以，一個戰役結束與下一個戰役的發動之間的準備要充分，故而前進要緩。所謂速戰，則是因為給養供給不易，所以必須爭取時間，以迅速有效的方法集中全力開展攻擊，避免頓兵堅城。務必要一舉摧垮敵人，迅速解決戰鬥，之後進占預定的目標，以便繼續展開下一個目標的攻擊。由於征討阿古柏、收復新疆的行動，兵以義動，師直為壯，因而出關大軍精銳勇猛，加上前敵總指揮劉錦棠更以善戰著稱，所以西征軍節節取得勝利。到西元一八七六年十一月，西征軍已先後攻破了烏魯木齊、昌吉、呼圖壁、瑪納斯等重要據點，肅清了天山北路，使西征軍在戰略形勢上占據了有利地位。這是收復新疆的第一階段。軍事行動到此暫時中止，原因是冬季到來，天氣寒冷，作戰不便，而且在大戰之後，消耗極大，需要較長時間的存儲補充和恢復。

西征的第二階段是收復吐魯番。自從收復烏魯木齊後，左宗棠就積極籌備下一步的用兵計畫。左宗棠用兵好算、能算，善於料敵決勝，每次用兵之前，必先審定敵情，對自己部隊的士氣、戰鬥力，特別是軍需的供給瞭解清楚，做到知己知彼，才能克敵制勝。為此，左宗棠心力交瘁，「每一發兵，鬚髮為白」。

他首先繼續整編部隊，解決軍糧問題。在西元一八七七年十二月，左宗棠上奏整頓裁汰金順所部四十營，裁併成二十營，並裁撤了設在寧夏、包頭等地的採運機構，這樣一方面提高了北疆防守的戰鬥力，另一方面也縮減了餉銀開支。

在軍事部署上，左宗棠認定用兵南疆必須鞏固後路，使自己立於不敗之地。所以他指示對巴里坤到古城的糧運要道，要切實保護。

在對待南疆各族人民的問題上，左宗棠高瞻遠矚，超越流輩。他說，此次進兵，應剿對象是阿古柏匪軍、白彥虎所部逆匪，至於被裹挾之眾，「均應寬貸，亦天理人情所宜」。各部官兵對待各族民眾，「如能以王土、王民為念」，申明紀律，恪遵「行軍五禁」，嚴禁殺掠姦淫，則八城民眾「如去虎口而投慈母之懷」，不但此時容易成功，也是日後長治久安的基礎。

在進攻吐魯番、達阪的軍事部署上，左宗棠決定兩路進兵，使達阪、吐魯番、托克遜敵軍不能互相支援。西元一八七七年四月十四日，劉錦棠率步、騎、砲兵二十餘營，自烏魯木齊南下達阪。二十日，一舉攻下達阪城，炮斃、陣斃敵軍數千名，生俘一千餘人。繳獲戰馬八百餘匹、精利槍炮軍械一千四百餘件。殲盡守城之寇，殺盡外援之敵，使阿古柏部眾一人一騎不返。而西征軍陣亡五十二名、受傷一百六十名。所以達阪城戰役極為漂亮。四天之後（二十四日），劉錦棠又揮師進擊托克遜。二十六日收復托克遜。共斃敵二千餘人，生擒百餘人，奪獲戰馬數百匹、槍械二千餘件，西征軍傷亡九十餘人。與此同時，張曜等部也攻占了吐魯番，白彥虎棄城逃竄。達阪、吐魯番、托克遜的攻克，殲滅了阿古柏的主力，使南疆的戰略形勢發生了根本變化，「南八城門戶洞開」。五月二十二日，阿古柏在庫爾勒驚懼服毒自殺。

西征的第三階段是收復南疆。西征軍攻取達阪、吐魯番、托克遜等三城後，敵軍已面臨崩潰的絕境。而西征軍在接連勝利之後，士氣旺盛，鬥志昂揚。進兵南路已不困難。但左宗棠並不急於馬上前進。他認為，第一，進兵南八城，行程四五千里，雖然庫車以西是膏腴之地，糧食基本上可以就地採購，但這樣長的行軍路線，萬一軍糧供應不上，後果不堪設想，所以，在大舉進攻前，要辦好糧運。第二，這時正值夏天，氣候太熱，不便用兵。特別是吐魯番明代就有「火州」之稱。吐魯番的熱、巴里坤的冷和安西的風並稱「關外三絕」。所以，左宗棠覺得需等秋高氣爽的時候，再長驅直入。第三，西征軍在連克三城之後，也需要休整，養其銳氣。由此，左宗棠認為，進攻南八城，與前兩次戰役一樣，仍是「緩進速戰」。

進攻南路的兵力，劉錦棠的湘軍為前驅，張曜的嵩武軍為後援，徐占彪的蜀軍調回巴里坤和古城之間。西元一八七七年八月二十五日，劉錦棠率湘軍開始從托克遜出發，西征軍開始進攻南八城。十月九日，西征軍收復庫爾勒，十八日，收復庫車，二十一日，不占而下拜城，二十四日，不占而下阿克蘇，十一月十六日，西征軍收復烏什，十二月十八日，收復喀什噶爾，二十一日，收復葉爾蓋，二十四日，收復英吉沙爾，西元一八七八年一月二日，西征軍收復和闐。伯克胡里、白彥虎率殘部逃竄俄境。至此，侵占南疆達十四年之久的阿古柏匪幫全部被殲，南疆收復。

綜括用兵新疆三個階段的戰役，從西元一八七六年七月到西元一八七八年一月，先後只用了一年半的時間。收復北路不到四個月，收復吐魯番不到半個月，收復南路，也只有四個半月。可以說是神速。左宗棠認為，取得這次戰役勝利最主要的原因，就是「緩進速戰」。「緩進」便是事前有充分的準備，準備沒有完成，不妨慢慢地進。而「速戰」便是準備一經完成，便選擇時機，用迅雷不及掩耳的手段，把戰事盡快解決。這種戰法類似於今天的閃電戰。雖然我們現今看來收復新疆，歷時一年半，但上溯到西元一八七四年年一月，左宗棠奉命籌辦糧餉轉運，歷時也是一年半，這是左宗棠的準備時間。在收復新疆的過程中，從督師肅州到進兵北路，相隔兩個月，從收復北路到進兵吐魯番，相隔半年，從收復吐魯番到進兵南路，又相隔四個月，在這些時間之內，左宗棠都是仔細地準備、計算。他要算準用多少兵，要從哪裡採辦多少糧，用多少車駝，運到哪裡，供多少時間的給養。還要算準天時和地利，既要避去冰雪封山的時節，又要避開酷日如燒的日子，並且還要考慮到在到達或收復某一地點時，要恰逢那裡糧食收穫，這樣可以就地取得給養。還要算準敵人逃竄的路線，布置下攔截網。在知道敵人有新式武器的情況下，自己也配備了相當數量的新式槍炮。還在各地做大量的宣傳工作，使民眾傾向於西征軍。所謂「知己知彼」，就必須在知了之後，做充分準備，知得越透徹，準備得越充分，成功得也就越迅速。左宗棠收復新疆，打破了歷代用兵新疆的紀錄。

南疆雖已收復，但是新疆問題並未完全解決。原因是西元一八七一年七月四日，沙俄乘中國多事之秋，出兵侵占伊犁。以保衛其邊境為藉口，聲明等中國收復烏魯木齊、瑪納斯後，即將伊犁交還中國。但是，在中國軍隊收復了烏魯木齊和瑪納斯，並全殲阿古柏匪徒收復南疆後，沙俄仍舊占領伊犁不肯交還。對此，左宗棠認為，伊犁在整個新疆具有重要地位，必須收回。他主張先通過外交途徑解決，如果不能達到目的，就用軍事手段來收復失地。西元一八八一年六月二十二日，清政府派崇厚為全權大臣，赴俄辦理收回伊犁及中俄新約事宜。崇厚庸懦無能，在不體察西北形勢的情況下，從海道前往俄國，在俄國人的軟硬兼施之下，糊里糊塗就簽訂了一個《里瓦幾亞條約》，收復伊犁既花費五百萬盧布的代價，又在分界條款內劃去了霍爾果斯河以西和伊犁山南的特克斯流域大片領土，使清朝在名義上雖收回了伊犁，但只是孤城一座，事實上還是不能守。此外，在通商條款內，也平添了許多不能允許的權利。消息傳來，朝野大嘩，左宗棠更是激烈反對。他指出，俄國居心險惡，如不急起力爭，「新疆全境將日蹙百里之勢」。甘肅、陝西、河北邊防，也將因之危急，那時再議籌邊「正恐勞費不可殫言，大局已難復按也」。最後，左宗棠提出反對沙俄侵吞伊犁的方針：「就時勢次第而言，先折之以議，委婉而用機；次決之以戰陣，堅忍而求勝。」也就是先通過外交途徑的談判來解決，解決不了的，應不畏強暴，與俄國兵刃相見，以戰爭的手段來收回伊犁。與此同時，左宗棠已開始部署邊境防務，準備抗俄，認為只要軍餉應手，內外一心，勝利是有把握的。在主戰愛國力量的督促之下，西元一八八〇年二月，清政府命曾紀澤重新去與俄人談判，並命左宗棠統籌戰守事宜。左宗棠決定分三路進兵，以武力收復伊犁。

西元一八八〇年五月二十六日，年已六十九歲的左宗棠，為了在大軍西進時就近指揮，從肅州率親兵出了嘉峪關，前往新疆的哈密坐鎮。臨出發時他讓親兵抬著一口黑漆棺材，莊重告訴部將：只許成功，不許失敗，不成功，即成仁，黑漆棺材便是成仁的歸宿地，顯示了與俄人決一死戰的決心。由於左宗棠的積極備戰，沙俄如果開戰，勝利的希望將極為渺小；還有曾紀澤的硬頂軟磨，迫使俄國與中國在西元一八八一年二月二十四日訂立了《中國伊犁條約》和《陸路通商條件》，爭回了不少權利。這是晚清外交史上僅有的一次勝利。這一方面是由於曾紀澤傑出的外交才能，另一方面左宗棠在新疆積極備戰所顯示的實力後盾，對此也產生了決定性影響。所以，主戰、備戰和外交談判才使伊犁得以收歸清朝，左宗棠的貢獻不可磨滅，在中國近代史上占據著重要地位，因為一部晚清的歷史，幾乎都是吃敗仗、割地賠款、喪權辱國的記載。

左宗棠對鞏固西陲的赤誠之心，還表現在他堅韌不拔地主張新疆建置行省。在收復新疆的過程中，左宗棠一方面制定戰略戰術，調兵遣將，指揮每次戰鬥，另一方面，也注意戰後的政治、經濟建設。他制定了一系列安輯流亡、恢復生產的政策。並在沒有郡縣的地方（如南疆），每收復一個城池，都設立一個善後局，專辦這種工作。在經濟上，他開渠鑿井，興修水利，興辦屯田，提倡種稻，推廣種棉和織布，貸款牧羊，大規模倡導蠶桑業，發展生產。在教育上，左宗棠興辦書院，如獎助蘭山書院、添設新書院、恢復舊書院、並興辦義學，不但在省城擴充義學，還在外縣創辦，為回民專設義學；並刊發書籍。在財政上，左宗棠重新制定徵收田賦的辦法，還整理鹽務、茶務、釐金，整理幣制，改鑄新疆制錢和銀圓。為了改變西北的荒涼面貌，左宗棠還注意修路築城。在西征過程中，左宗棠一面進軍，一面築路，路旁種植柳樹、榆樹等，規定部隊開到哪裡，馬路築到哪裡，柳樹也種到哪裡。只是從陝西長武境界起到會寧縣止，六百多里間，連年種活的樹共有二十六萬四千多株。這就是有名的「左公柳」。一八七九年，楊昌浚應左宗棠之約西行，見道旁之樹，即景生情，吟詩一首：

大將籌邊尚未還，湖湘子弟滿天山。
新栽楊柳三千里，引得春風度玉關。

由於左宗棠的努力，使新疆建省初具規模。

新疆建省，遠在道光年間，魏源和龔自珍早就有此主張。林則徐在西元一八五〇年與左宗棠相見時也曾告誡：「欲求數百年之長治久安，不能光靠一時戰功。」所以，在用兵的同時，左宗棠極力主張新疆建省。西元一八七七年，左宗棠肅清吐魯番，清政府命左宗棠統籌全局，左宗棠就上奏說：「立國有疆，古今通義。規模存乎建置，而建置因乎形勢。必合時與地通籌之，乃能權其輕重而建置始得其宜。至省費節勞，為新疆長治久安之策，紓朝廷西顧之憂，則設行省，改郡縣，事有不容已者。」這是左宗棠第一次正式提出新疆建置行省。西元一八七八年和西元一八八〇年左宗棠又三次上奏，建置行省，並提供了一個建置的輪廓。西元一八八二年十月，已離開西北調任兩江總督的左宗棠，仍然不忘新疆建省之事，第五次上奏，請求中樞，核令新疆建省問題。西元一八八四年十一月，清政府終於宣布新疆開置行省。任命劉錦棠為新疆巡撫。雖然這時左宗棠已於九月去世，來不及目睹，但他生前的主張，終於得以實現，九泉之下也可以瞑目了。左宗棠在新疆的經營，正像陝甘總督楊昌濬所評價的：左公用兵新疆是展「霸才」，而主張新疆建省是行「王道」。收復新疆與建設新疆可以說是左宗棠一生的壯舉。

六、福州抗法，鞠躬盡瘁

西元一八八一年十月下旬，年已七十歲的左宗棠被任命為兩江總督兼任南洋通商大臣。次年二月到任。赴任之前，左宗棠曾請假一月回湘省墓。就當時名位而論，左宗棠治軍二十年，自陝還朝，授軍機大臣，任兩江總督，出將入相，衣錦榮歸，自然非常得意。他曾在一天宴飲時，對女婿說：兩江有名的總督。湖南有三人，一為陶文毅公（陶澍），一為曾文正公（曾國藩），一為我。但他二人都不及我，「文毅時未大拜」（未任宰相）。「文正雖大拜。但未嘗生還」（卒於任所）。但我亦有一事不如二人，「則無長鬚耳」。

左宗棠上任兩江總督後，恰逢法國侵略者又在西南邊境起兵，戰火從越南逐漸逼近中國的廣西、雲南邊境。對此，左宗棠極力主戰，他說：我是兩江總督兼任南洋通商大臣，管轄兩江地區及東南各省海口。法國進犯越南，企圖侵犯滇、桂邊境，豈能坐視！一旦開釁，兩江地區首當其衝，尤應加強防務。所以，左宗棠在兩江任內，一方面同投降派鬥爭，另一方面在兩江總督轄境內整軍經武，準備打仗。他首先增強沿海、沿江的防務，並訂立作戰賞罰章程，用以統一上自總督、下至官兵的行動。深得全體官兵的擁護。同時還在江蘇沿海大辦漁團。其次，左宗棠還命舊部王德榜回湘募勇十營，組成恪靖定邊軍，開赴前線。西元一八八四年一月，王德榜率恪靖定邊軍陸續開赴廣西。三月，法軍發動猖狂進攻，北寧失守，桂軍全線崩潰，紛紛逃亡，桂邊吃緊，形勢岌岌可危。王德榜出關後，經苦心籌劃，穩定了前線戰局。但七月二日清政府命「關外各軍限一月撤回內地」，恪靖定邊軍第一次出關半途而廢。西元一八八五年二月二十三日，法軍占領鎮南關，三月，王德榜與馮子材並肩作戰，取得了震驚中外的鎮南關、諒山大捷。

西元一八八四年，法國在侵略西南邊陲的同時，八月二十三日，又挑起馬尾海戰，福建水師全軍覆沒。福州風聲鶴唳，草木皆兵，東南震動。在朝野的反投降、主戰的聲浪中，九月七日，清政府倉促應戰，起用左宗棠為欽差大臣，督辦福建軍務，率領恪靖親軍去支撐東南危局。九月十六日，七十三歲高齡的左宗棠，顧不得疾病纏身，左眼失明，慷慨成行，冒暑數千里，前往福州前線，肩負抗法的艱巨任務，十二月十四日到達福州。「前面但見旗幟飄揚，上書『恪靖左侯』，中間則隊伍排列兩行，個個肩荷洋槍，步伐整齊，後面一人，乘肥馬，執長鞭，頭戴雙眼花翎，身穿黃綾馬褂，堂堂相貌……主將左宮保也。再後青藍頂、亮紅頂武弁道隨，不計其數。所過街坊各鋪戶均排設香案迎迓。蓋榕垣當風聲鶴唳之秋，經此一番恐怖，一見宮保，無異天神降臨，所以敬禮如此也。」福州人心漸安。

左宗棠抵達福州後，就開始採取措施，積極抗法。首先，他派兵增援臺灣，穩住了臺北局勢。其次，整頓閩江防務，創辦漁團。從而使福建、臺灣的防務大為加強，法國艦隊再也不敢闖進閩江、不能逞兇於東南沿海。在中越邊境，這時中國軍隊也取得了鎮南關、諒山大捷。但是，清政府下令停戰撤兵，西元一八八五年六月九日，李鴻章與法國公使巴德諾簽訂了《中法天津條約》，清政府以軍事上的勝利換取不平等條約的簽訂，成了世界外交史上的一件奇聞。左宗棠聞之悲憤之極，本來有病的身體，更加惡化。就在這重病垂危之中，七月二十九日，左宗棠還向清政府上了一個《請專設海防大臣》的奏摺，提出了全盤規劃、統一領導指揮以加強海防建設的七條意見，設計了一幅海軍建設藍圖。同時，他還特別關心臺灣問題。在去世前不到一個月，奏請將臺灣開置行省。他說：「今日之事勢，以海防為要地，而閩省之籌防，以臺灣為重地。」「臺灣孤峙大洋，為七省門戶，關係全局」，以形勢而論，臺灣不能不開置行省，設立重臣，妥善經營。建議將福建巡撫改為臺灣巡撫，福建巡撫原有公事，改歸閩浙總督辦理。西元一八八五年十月十二日，清政府命令將福建巡撫改為臺灣巡撫，臺灣置行省。這時左宗棠卻看不到了。西元一八八五年八月，朝廷准左宗棠回籍安心養病。但未及上路，就病情惡化。在神志不清時，還經常喊：「娃子們，出隊！我要打仗。」不甘屈和卻又無可奈何的左宗棠，臨終前，自知不久於人世，但「惡氣未吐」，壯志未酬，於是口授遺疏書：「此次越南和戰，實中國強弱一大關鍵，臣督師南下，迄未大伸撻伐，張我國威，遺憾平生，不能瞑目。」西元一八八五年九月五日，七十四歲的左宗棠滿懷悲憤和遺憾，在福州與世長辭。當時，正是狂風大作、暴雨如注、驚雷震撼，彷彿蒼天也在痛悼左公的逝去。「江南江北居民，奔走痛悼，如失所親」，福州城中百姓「聞宮保噩耗，無不扼腕深嗟，皆謂朝廷失一良將，吾閩失一長城」。

七、用兵、為政、用人的風格

左宗棠一生，事業非常輝煌，在用兵、為政、用人上也具有自己非常鮮明的特色。

左宗棠用兵非常精細謹慎。在這一點上，自比諸葛亮的左宗棠可以說和諸葛亮一樣。一般人可能以為像左宗棠這樣雄才大略、性格高傲的人，用兵會粗心浮躁。但實際上，左宗棠的用兵始終主張和實行一個「慎」字。每次用兵，他都要做到：注意當前敵將，先要察看他的性情，清楚他的力量，再和他開戰。注意認真偵察，對於敵人一舉一動，都要透澈和準確地瞭解，不許絲毫放鬆。注意前路後路，前路要搜索得絕對沒有敵人埋伏攔截，後路要防護得十分周密穩妥，使敵人沒法包抄襲擊，才肯前進。每次作戰時，他都要提醒前敵將領「慎之又慎」。這種文字在左宗棠的函牘批札中常可見到。像前面我們談到的在西征過程中糧料的轉運，左宗棠方方面面都計算得清清楚楚。每次用兵，左宗棠都要把許多有關係的問題，逐一考慮解決，所以他常說「耽遲不耽錯」。寧可事前做得穩當，以後幹得快，「以速補遲」。在沒有完成部署之前，絕不輕舉妄動，就是清政府催促責備，左宗棠也絕不遷就。但左宗棠用兵並不呆板，而是十分靈活，在遇到時機時，他往往用十分靈活敏捷的手段來迎合、利用這個時機去取得勝利。這並不是行險僥倖，而是他的一切籌劃布置，真正達到了周密境界。過去許多將帥收復了一個失地，往往不久又失掉，給老百姓造成許多痛苦。但左宗棠的這種謹慎用兵，卻取得了完全不同的成績。只要收復的失地，絕不會再失掉。每收復一失地，左宗棠都馬上辦理善後，恢復地方秩序，使百姓安居樂業。

另外，左宗棠治軍為官非常清廉，並且樂善好施。對待部下，他像歷史上的一些名將一樣，與士卒同甘共苦。他在行軍時，從不住公館，都是和士兵一樣住營帳。他常穿件布袍，在一張白木板桌上料理軍書。在西征過程中，不管氣候多麼惡劣，風沙、冰雪，還是炎荒，六十多歲的左宗棠都始終堅持住營帳。當時左宗棠最寵愛的大兒子孝威去西北探親，他也叫兒子同住營帳。因孝威歷來體質較弱，帳篷有風吹入，從而受寒致病，也不敢對父親談，以致落下病根，回家後，英年早逝。

西征中，軍餉拖欠很嚴重，士兵生活非常艱苦，忍饑挨餓並不少見，但部下都甘心和左宗棠一起過窮日子。之所以能取得將士的諒解，就是因為左宗棠「不欲以一絲一粟自汙素節」，與部下同甘共苦，甚至從自己養廉項下，撥款充軍餉。有時連自己家人生計都受影響。同時，左宗棠對於部下也非常愛護。在《楚軍營制》中，明確規定：「凡為統領、營官、哨官，總要體恤兵勇、長夫，視如一家之人。」如有勇夫受傷、患病，都應照護好。派人服侍湯藥，使傷病者不受虧苦。對於打仗特別奮勇出力的勇丁陣亡，家庭貧苦的，左宗棠還常常在官家的撫卹外，再自己掏腰包，貼補他們的家庭。對於將領更是如此，例如當左宗棠的老部下和助手劉典在蘭州去世後，左宗棠深知劉典平日「剛明耐苦，廉公有威」，而身後蕭條，所以他自己負擔了劉典身後的一切開銷，從年俸中劃去六千兩銀子交給劉典家屬，贍養其八十七歲的老母和撫養其子女。這種樂善好施並不是一件兩件，也不是沽名釣譽。左宗棠在家做寒士時，就經常盡一家之力來救濟別人。家鄉兩次水災，左宗棠捐出他教書的收入，甚至典去夫人的衣飾散米煮粥，配藥施醫救助難民。到左宗棠得意後，依然樂於幫助親族、幫助師友、幫助僚屬、幫助地方，義舉如捐款修築城牆，捐款書院膏火費，賑濟湘陰水災（一次捐一萬兩）。這樣，就常耗去了他廉俸收入的九成以上。左宗棠做了二十多年的督撫，作為一名封疆大臣，共有餘廉二千五百兩銀子、一塊墓田、一所在長沙不很大的住宅。這在清末官場中是很少見的。傳給四個兒子的財產，每人只有五千兩銀子。而住宅還是當初在湖南巡撫幕府時，胡林翼看見他家眷在本鄉，照顧不便，和駱秉章一起湊了五百兩銀子買來送給他的。後來他的二兒子花了千把兩銀子擴建，還受到左宗棠的嚴厲批評。他在家信裡多次教子要勤儉忠厚，不失寒素之風。

左宗棠平素制軍非常嚴格，但他也經常自找樂趣，調節單調的生活。比如在哈密軍營時，他自闢菜園二十畝種菜，同時也提倡士兵種菜。這樣一可以使士兵飯菜就地取材，二可以增加點額外收入，三還可以防止士兵閒暇時想家。他還喜歡下象棋，喜歡吃家鄉菜辣子雞，他還喜歡在晚餐後與幕僚講故事、說笑話，有時引吭高唱湘劇《定軍山》，有時踱出營帳，見勇丁在吃飯，就和他們一起吃，隨便談笑。傳說，左宗棠在西北時，一天與幕僚談及諸葛亮，喜不自誇，幕僚冷譏說：「借東風、破曹操，此諸葛之所以為亮也，失街亭、斬馬謖，此葛亮之所以為豬也（諸豬同音）。」又一花匠說：「諸葛雖是三國人才，然六出祁山，六次失敗，其才有限。」左宗棠聽後大受刺激，從此在致友人的信中，再也不用「小亮」名字落款。雖然這是趣談，但也可以看出他與部下的融洽關係。

左宗棠在用人方面，基本上和他的做人標準「廉恥信義，剛明耐苦」相似。他的用人標準就是「廉幹」，既要廉潔，又要能幹。廉潔是就性行心術而說，能幹是就本領而言。左宗棠曾把用人比作做菜，他說：「廚丁作食，肴果都是此種，而味之旨否分焉。解此，便可知用人之道。凡用人：用其朝氣，用其所長；常令其喜悅；忠告善道，使知意向所在；勿窮以所短，迫以所不能，則得才之用矣。」談到用人過程，左宗棠曾說：「吾察人頗嚴，用人頗緩，信人頗篤，此中自謂稍有分寸也。」從中可見左宗棠對人才的認識。大體來講，左宗棠有心願求人才，有眼光識人才，有本領用人才，只是缺少氣度容人才。《湘軍志》作者王闓運這樣評論湘軍的首領：胡林翼能求人才而不識人才，曾國藩能用人才而不求人才，左宗棠能識人才而不容人才。

左宗棠的一生，可以說是為了國家的利益「鞠躬盡瘁，死而後已」。特別是他晚年在西征時，由於年近六旬，加上身患腹瀉之症，還數度咳血，自覺「食少事煩」。但是，強烈的責任心使他盡心竭力，不敢稍圖安逸。從西元一八六〇年督師出山，左宗棠沒有回過家。他在西北時期，他的四女婿和女兒、夫人周詒端、二女兒、侄兒和二哥、大兒子和大媳婦，一個個先後在長沙亡故，連續演成生離死別的慘劇。但是他身在邊疆戰場，無暇想家，只能把悲痛埋在心裡。直到新疆軍事告一段落後，才有機會想回家的問題。

綜觀左宗棠的一生，由於左宗棠自比諸葛亮，所以我們用秦翰才先生的評語來結束全文：「左宗棠的軍功，大於諸葛亮，左宗棠的政績，不如諸葛亮，左宗棠的忠和介的美德，至少和諸葛亮相當。」

本文主要資料來源：《清史列傳》卷五一，〈左宗棠傳〉；羅正鈞：《左宗棠年譜》；秦翰才：《左文襄公在西北》；董蔡時：《左宗棠傳》；左煥奎：《左宗棠略傳》、《左文襄公全集》奏稿卷、書札卷。

薛福成傳

周雲紅

薛福成（西元一八三八年～西元一八九四年），字叔耘，號庸庵，江蘇無錫人，晚清著名的政治家、謀略家和外交家。

西元一八六五年，薛福成以《上曾侯相書》進身，自此在曾國藩的幕府辦事八年，成為著名的「曾門四弟子」之一。曾國藩死後，薛福成於西元一八七三年進入李鴻章幕府，專辦外交，任職十年。西元一八八三年，薛福成出任浙江寧紹台道。在西元一八八四年中法戰爭期間，親自指揮了擊退法國侵略者、捍衛鎮海海口的戰爭。西元一八八九年起薛福成被清政府任命為出使英、法、意、比四國欽差大臣。在任駐外公使期間，他細心考察西方社會的利弊，極力維護國家主權和尊嚴，關心海外華人的利益。西元一八九四年，薛福成在離任返國途中發病，抵達上海不久即不幸病逝，年僅五十六歲。

一、立志苦讀

西元一八七五年的一個深夜，雖是春色已濃，此時的京都卻顯得異常地沉悶，古老的紫禁城完全被籠罩在一股令人窒息的氣氛之中。經過兩次鴉片戰爭和太平天國運動的沉重打擊，庸腐的清政府已不堪內憂外患，搖搖欲墜。而同治帝「龍馭上賓」所帶來的帝位更替對清廷又不啻雪上加霜。此時，那拉氏慈禧端坐在書案前，雙眉緊蹙。這個煞費心機走上權力頂端的女人，眼見自己多年苦心營造的大廈將傾，不禁憂心如焚。面對書案上厚厚一疊「內外大小臣工」為濟時艱而上的奏疏，她耐心地一一翻閱，以期得到些許良計，挽狂瀾於既倒。翻著翻著，心情不由更感沉重：「舉國眾臣，奏議堆積如山，卻如此難得一清廟明堂之作，怎不叫人寒心沮喪！」正翻著，忽見她眼光一亮，將一本奏疏拿到眼前細細閱讀起來，精神也似乎為之一振。這是山東巡撫丁寶楨轉呈的一份奏議。此時，慈禧似乎完全被這份奏議吸引住了。

今欲人才奮起，必使聰明才傑之士，研求時務而後可……其用人之道，如膽識兼優、才辯鋒生者，宜出使；熟諳條約、操守廉潔者，宜稅務；才猷練達、風骨峻整者，宜海疆州縣。求之既早，斯用之不窮。

文筆練達，字跡工整，見解獨到，切中時弊。讀著讀著，慈禧不由拍案叫好：「誠群臣之中，有三成有如此胸襟者，我大清何憂，天下何憂！」於是，又將其細細審閱，並決定把這份奏疏留在朝廷參考，第二日即分發各衙門臣僚議奏。這份引起慈禧如此嘉賞的奏疏名為「應詔陳言疏」，它的作者便是薛福成。

薛福成於西元一八三八年四月十二日出生於江蘇省無錫縣。薛家雖門庭寒素，但世代好書，也算是書香門第。薛福成的父親薛曉帆於西元一八四五年考中恩科進士，曾任鎮江府學教授，並在湖南任過縣令。

父親宦遊在外，家庭的重擔便都落到了母親顧氏的肩上。薛福成的母親出身於無錫的一個望族，五歲那年父親病逝，自此家道中落，薛福成與母親相依為命，過著平淡的生活。顧氏十八歲嫁到薛家，持家政、事父母、睦姑娣，「區處井然有度」，賢惠達理，而且為人慷慨大度，聞名鄉里。顧氏十分重視對子女的教育，雖然從不對孩子們打罵呵斥，但「教誡不少倦」，時常鼓勵他們刻苦攻讀。這對小福成的影響很大，那些「頭懸樑、錐刺股」、「斷齏畫粥」的感人形象深深銘刻在薛福成幼小的心靈中，激勵他發奮苦讀，「罔敢自逸」。

西元一八五八年，薛福成同四弟福保一起參加了無錫縣的童生考試，結果二人同被錄取，這大大激起了薛福成通過科舉獲取功名的欲望。然而，就在這時，生活發生了新的變化。西元一八五八年夏，剛剛被提升為潯州知府的薛曉帆還未來得及上任，便因積勞成疾而病故。薛福成和大哥薛福辰料理完父親的喪事後，於西元一八六〇年自湖南返回無錫。這時，正值太平軍東征蘇常地區，薛家的產業在戰火中化為烏有。為了逃避戰亂，母親只得扶老攜幼、舉家喬遷，幾經周折，最後才在蘇北寶應安頓下來。如果說此前的薛福成還只是一個滿腔豪氣、心高氣傲的少年書生，此時的薛福成歷經喪父家衰，親眼看到了內外交困下的中國哀鴻遍野的悲慘景象，更加深刻地體會到了中國社會的危機和民族的苦難，已經日益成熟起來。他開始思考祖國災難深重的原因，努力探尋挽救祖國危亡的途徑。

鴉片戰爭之後，面對日益加重的內憂外患，許多有識之士都以「救亡圖存、富強中華」為目的，要求改變現狀。而改革考試制度，注意研究現實問題成為一種影響很廣的思想傾向。薛福成受到這股思潮的影響，對徒事空談的舊八股產生了懷疑，開始注意閱讀一些反映現實的文章和書籍。

薛福成不但博覽經史子集，關心時事，而且在學習過程中十分注重同其他學友切磋交流，相互促進，增長見識。有一次，薛福成與同遊的學子提及即將到來的鄉試，將話題轉到了科舉制的弊端上。當時，眾人對科舉制的態度明顯分為兩派，或反對或擁護。擁護的一方認為科舉考試能夠闡發聖人賢達的深意，可以「根柢經史」，完全能夠體現一個人的智慧才識。薛福成則大不以為然，他精闢地提出了自己的見解，認為科舉制弊病叢生，理論與實際脫節，學與用分離，致使許多有用之才難以報效國家。雖然他並沒有打算從根本上取消科舉制，只是企圖通過科舉與征辟（即由大臣直接向皇帝舉薦有用之才）並用的方式來為國家發現和培養有用之才，但在當時的歷史條件下，他所顯示出的改良傾向是非常難得的。

從此，薛福成便以「經世致用」為目的，致力經世實學，決心將自己培養成一個真正有真才實學、利國利民的人才。

時光荏苒，日月如梭，轉眼已是西元一八六五年，薛福成已成長為一個持重練達、才識過人的青年。他期待著有朝一日，能有機會施展自己的滿腹才學，實現「經世致用」的抱負。

二、入參曾國藩幕府

清同治四年（西元一八六五年），薛福成終於獲得機會，被捲入了政治的漩渦。

西元一八六五年夏天，清軍將領僧格林沁被捻軍擊斃，使清廷驚恐萬分，於是忙任命兩江總督曾國藩為欽差大臣，節制直隸、山東、河南三省兵力，前往鎮壓。曾國藩在北上「剿捻」過程中，沿途張榜，招賢納士。此時薛福成正愁無以報國，見到榜文，大為欣喜，認為這是一個施展自己才華的難得機會。於是，他慨然寫下洋洋萬言的《上曾侯相書》，全面系統地闡述了自己的政治見解和治平天下的方略，上呈曾國藩。曾國藩見其文「閎議郁發、灝氣孤行」、「朴茂神味、洋溢其間」，兼具了古文家的宏邁和策論家的精深。一個年輕的學子，竟有如此深厚的國學功底，且曉於國家大事，真令曾國藩欣賞不已，認定此人今後一定會有所造就，於是就邀他「徑入幕府辦事」。

這樣，薛福成就成為曾國藩門下一名參與機要的隨員，開始了他長達八年的賓幕生涯。在最初一年多的時間裡，他走南闖北，為曾國藩劃捻出謀劃策。他走出了先前的狹小天地，更加瞭解到各地的政俗民情、大眾疾苦。曾國藩在鎮壓太平天國後為取信於清廷而自動裁撤了湘軍，喪失了自己的軍事優勢，所以在捻軍的運動戰面前連連失利。西元一八六六年底他被罷斥，回任兩江總督。這樣，薛福成也跟著到了六朝古都——南京。

自進入曾幕以來，薛福成同曾國藩之間逐漸建立了深厚的師生之情。曾國藩對薛福成賞識信任、以誠相待，薛福成在曾國藩面前也直陳己見、毫不隱諱。因此，曾國藩很喜歡同薛福成一起談論時事機局。二人經常「晨夕晤談」，切磋軍國大事，交流對「兵事、餉事、吏事、文事四端」的看法，時日一長，竟達到了「囊括世務，無所不談」的地步。

有一天，曾國藩與薛福成攀談期間，突然發問：「為什麼我大清泱泱大國，數萬臣民，卻總為泰西螻蟻之國所欺呢？」聽到這個問題，薛福成表情凝重起來，他略一沉吟，答道：「泰西各國以工商為立國之道，槍炮輪船無可比擬，國富而民強，而我國自康乾之後，百工不振，輕商自閉，國力日衰。以弱對強，以衰抗盛，我大清怎能不陷入被動境地？」薛福成的一番話，鏗鏘有力，切中時弊。聽到這席直言，曾國藩心中不禁暗暗稱許。他不露聲色地稍思片刻，繼而又問：

「那麼，依你之見，我們該當如何呢？」

一向鎮靜自若的薛福成聽到這樣一問，表情不禁由凝重轉而激動。

「如今我們正處於一個動盪變革的時代，任何一個國家，都是適時而動，除舊布新，以應時局。閉關鎖國、夜郎自大只會使自己更落後，被動挨打。常言時不我待，於我大清，當務之急是力圖自強，當放眼世界，學習西方，取人之長而補己之短，如魏源所言『師夷長技以制夷』，這才是國富民強之法、抵禦外侮之策。絕不能再抱守殘缺、坐井而觀天了！」

薛福成的見解系統表達了他對當時中國社會深重的民族危機感和責任感，以及學習西方、革新自強的主張。這在林則徐、魏源思想的基礎上又前進了一步。

薛福成不但曉於時弊，倡導改革，而且富於正義感、謀略過人。同治八年（西元一八六九年）四月，薛福成在北上保定途中，順便看望在山東巡撫丁寶楨幕下供職的四弟福保，並拜謁了丁寶楨。二人十分投機，暢談半月不倦。一日，二人敘談間，丁寶楨憤然談起太監安德海依仗慈禧太后作惡多端的事，並悄聲徵詢薛福成的意見：「聽說權閹安德海要去廣東，看來山東是其必經之地。如果抓住他的把柄將其先斬後奏，你看如何？」薛福成早就對專橫獨裁的慈禧太后深為不滿，對安德海更是深惡痛絕，如今見有這麼好的除奸機會，頗中下懷，於是便抓住時機鼓動丁寶楨為國除害，以建不世之業。薛福成深知安德海很受慈禧寵愛，除奸之事，稍有疏忽，便會釀成大患，殃及天下。為確保行動萬無一失，他和福保一起積極獻計獻策，建議丁寶楨嚴密布置，果斷行事。果然，當年秋天安德海取道山東，離京南下。丁寶楨聞訊，決定依計而行，一面以太監不能單獨出京的家法為由，派快馬連夜上奏朝廷，指斥安德海無視王法、「矯旨出都」，一面命令部下追捕安德海。最後在泰安境內將其抓獲。死到臨頭的安德海狗仗人勢，驕蠻狂橫，氣焰非常囂張。而丁寶楨禁不住左右陳述利害，原想將安德海就地正法、先斬後奏的思想動搖了，猶豫不決，想等朝廷下旨再作發落。哪知其奏疏至京，已經掀起軒然大波。一些不滿慈禧專權的王公大臣紛紛以祖宗家法不可違為由，主張應斬除安德海，以正視聽。於是，慈安太后下達懿旨，將安德海就地正法。儘管慈禧陰險狡詐，但面對祖宗家法，也無計可施，只好眼睜睜看著自己寵信的太監在濟伏法。這樣，丁寶楨遵照朝廷旨令，堂堂正正地剷除了這一權閹。

薛福成在曾國藩的幕府中前後共待了八年，此間他忠實地追隨曾，並得到了提攜，官至五品。同時，薛福成作為曾國藩的門生，承襲了其「文章與世變相因」的精髓，成了以曾為核心的「湘鄉派」的骨幹之一，同張裕釗、吴汝綸、黎庶昌合稱「曾門四弟子」。多年的幕僚生活，使薛福成得到了比較全面的鍛鍊，他一方面感激曾國藩對他的賞識與提拔，另一方面也期待著有朝一日能獨立地做一番事業。

西元一八七二年三月，曾國藩在南京病故，這使得薛福成的幕僚生涯暫告一段落。協助辦理完曾的喪事後，薛福成也只得另謀出路。在當時的晚清社會，官場論資排輩的現象非常嚴重，雖然薛福成有才識、有抱負，但仍只不過是一名五品小官，仍處於報國無門的境地。離開兩江總督衙署，他匆匆抵達蘇州書局任職。此後三年的時間裡，薛福成一方面忠於職守，勤於筆耕，寫了《海瑞論》、《葉向高論》等大量針砭時弊、借古喻今的政論和史論文章，以及一些別具一格、膾炙人口的筆記小品；另一方面，他一如既往地堅持自己經世治國的宏願，時刻關心國家的安危。十九世紀六、七十年代的中國，內憂外患，日趨嚴重。各帝國主義列強瘋狂加緊對中國的控制和掠奪。面對祖國深重的危機和災難，薛福成憂心如焚，常常夜不能寐：「嗚呼！中國不圖自強，何以善其後！」他真切希望能為中國的獨立與富強出一把力。

三、投身北洋集團

西元一八七五年，薛福成自蘇州起程，打算乘光緒登基之機到北京謀個出路。他中途在濟南逗留時，發現西元一八七四年十二月間的一份邸報上刊有一條朝廷懿旨。原來同治帝駕崩後，朝廷為了在帝位更替時期穩住局勢，決定廣開言路，諭令大小官員向朝廷建言，以濟時艱。薛福成認為這是一個吐露胸臆的大好機會，於是將自己多年深思熟慮的主張與見解，整理成章，形成了包括「治平六策」和「海防密議十條」的《應詔陳言疏》。這就是文章開頭所提到的引起慈禧重視的萬言書。成篇之後，由於薛福成只是一個五品官員，沒有資格向朝廷直陳奏議，所以，他只好託丁寶楨轉呈。

這時的薛福成已為官十年，對國家的內外政策和官場的現狀有了更深一步的瞭解，在此基礎上提出的治平六策和海防密議十條，與他十年前初出茅廬時的治平方略相比較，更加嚴謹、具體，更加符合實情且富有哲理。例如在「擇交宜審」一條中，他根據自己追隨曾國藩多年辦外交的經驗教訓，從中國國際地位及與周邊國家關係的實際情況出發，指出「擇交不可不慎」，要區別不同國家的不同情況，確定可援的盟友和應認真對待的勁敵，而不能四面樹敵，使自己處於孤立無援的境地。他還從歷史和現實的外交實例中總結出經驗教訓，說：「蓋擇交之道得，則仇敵可為外援；擇交之道不得，則鄰援皆為仇敵。誠宜豫籌布置，隱為聯絡，一旦有事，則援助必多，以成則操可勝之權，以和必獲便利之約矣。」而在「開礦宜籌」、「商情宜恤」、「茶政宜理」等條中，他重視工商業的思想明顯地表露出來。「開礦宜籌」中，他提出購買外國的先進機器，採用官辦和商辦相結合的方法，大力開採金、銀、煤炭等礦藏，是富強中國的明智之舉；在「商情宜恤」中，他從國家富強之道的高度，初步論證了扶持華人商業運輸的發展、與洋人分利的必要性和重要性；「茶政宜理」中，他提出仿西人之法，適當增加出口茶的稅額，用賺外國人錢的辦法，增加國家的財源。商業發展了，國富必然民強，列強就不敢肆意凌辱中國了。這些都是薛福成後來大力呼籲發展民族工商業的思想基礎。

薛福成雖然對這份萬言書頗為自信，但至於到底能否引起朝廷的重視，並無很大把握。哪知奏疏上達之後，猶如一石激起千層浪，在京城引起了極大轟動。先是慈禧對其十分欣賞，令各衙門復議；接著各衙門在復議過程中也都認為有很高的參考價值，並對其中一些建議，如「擇交宜審」、「儲才宜豫」、「條約諸書宜頒發各邊關、各行省、分行州縣」等議准實行，對一些具體建議，如汰減綠營、添設練軍；停止捐例、津貼京員等也予以採納實施。一時間，街頭巷尾，茶樓酒肆，人們紛紛議論起《應詔陳言疏》。置身京城之外的薛福成成了一個享名京都的新聞人物。

薛福成名滿都下，引起了一位府員大臣的注意。他就是擔任北洋大臣、直隸總督，並以曾國藩未竟事業繼承人自居的李鴻章。李鴻章認為薛福成是一個不可多得的辦洋務的人才，於是禮聘他入北洋戎幕辦事。見李鴻章對自己如此禮遇，薛福成也不便推辭。這樣，他又輾轉成為李的幕僚。

入參北洋戎幕的薛福成已不同往昔，經過十多年的磨煉，處世更加練達。李鴻章將其留在左右襄理政務，為自己出謀劃策。在北洋戎幕期間，薛福成不但竭力運籌、盡其所能地輔佐李鴻章，而且代其撰寫了許多重要的奏疏、咨札、書信，以至後來李在親朋中不少酬酢文字也讓薛代筆。

雖然時刻追隨李鴻章左右，但是薛福成並沒有因此而成為李鴻章手下唯命是從的工具，而是一貫地堅持自己的愛國立場，並顯示出了深遠的謀略。關於這一點，從以下幾件典型事件中表現了出來。

首先是他在馬嘉理事件的處理和煙台談判中所表現出來的態度。

西元一八七四年，英國翻譯官馬嘉理未經中國政府允許，擅自帶領英國侵略武裝「探險隊」由緬甸闖入雲南，氣焰囂張，胡作非為，不聽當地政府勸阻，被當地百姓擊斃。這就是轟動一時的馬嘉理事件。早就虎視我國西南邊疆的英國正苦於找不到藉口，於是趁機滋事，以斷絕外交關係為威脅，增派軍隊來華，並多次中斷正在進行的談判，提出八項無理要求，乘機勒索。

被帝國主義的侵略嚇破了膽的清廷一下子慌了神，急忙派李鴻章去同英國交涉。薛福成隨同李鴻章前往，他並沒有被英國侵略分子窮凶極惡的表面聲勢所嚇倒，而是十分冷靜地分析了當時的局勢，以「上李伯相與英使議約事宜書」為題，向李陳述了自己的主張和建議。

薛福成認為，英國在歐洲方面既受到德俄聯盟的威脅，又想從德俄對土耳其的爭奪中獲得好處，因此日子並不好過，而口口聲聲所謂斷交、動武，不過是依仗其軍事優勢的一種慣用的威嚇手段罷了，並非真想與中國開戰。英使威妥瑪態度強硬，也不過是抓住了清廷軟弱可欺的特點，想在離任之際多敲詐一點好處，以便回國邀功請賞。為了不使英國得寸進尺，應該「以拒為迎，先加駁斥，然後因勢利導，可以保持不決裂，而轉圜必速」。認為，面對英國的戰爭威脅，中國並非無能為力，我們可以加強防務，以備不測；同時，還可以將英國在處理馬嘉理事件中提出的種種苛求和玩弄的訛詐伎倆，公之於世，以爭取國際輿論的同情和支持，並借助德、俄牽制英國。對英國提出的八項無理要求，薛福成表達了自己的意見。

首先，薛福成分析、揭露了八項無理要求的實質。指出其與馬嘉理事件本身毫無關係，實際上是為了更多地攫取在華利益，滿足英國的侵略欲望。

其次，英人八條，都是圍繞其商業利益而提。如果中國毫無異議，全部接受，既喪失主權，又會帶來巨大的經濟損失。例如僅免除洋貨釐稅一款，中國每年就要損失白銀一千萬兩。

最後，針對上述分析，薛福成旗幟鮮明地提出了自己的主張：寧可不惜一戰來保衛國家權益，也不能屈膝事之，他說，中國如「以全力拒之」，勝可衛國、揚威，即使失敗，賠款也不過一年的釐稅。再說中國以廣博之土、數萬之眾，合力拒敵，何愁不勝？

建言上呈之後，薛福成本來抱著一線希望，認為或許可以打動李鴻章，使之據理力爭，維繫國體。哪知李鴻章在談判中秉承清王朝的旨意，為求苟安，不惜作出無原則讓步，簽訂了喪權辱國的《煙台條約》。這使薛福成大失所望，只得嘆曰：「謀議之僉同，時勢之相迫，有欲不如此而不可得者。」儘管如此，薛福成此時表現出的識微鑑遠、洞中機宜卻深為人們所稱道。

西元一八七七年三月，薛母顧氏病故。按舊禮，薛福成告假丁憂，為母親守制三年。他在第二年經駐德公使劉錫鴻推薦，被朝廷任命為駐德使館的三等參贊。因李鴻章與劉錫鴻不睦，認為後者是挖他牆腳，遂以「丁憂人員，例應終制」為由上奏朝廷，取消了任命。這樣，西元一八七九年春，薛福成在三年守孝即將期滿的時候，又被李鴻章上奏朝廷，調回了北洋戎幕。

重返北洋的薛福成馬上就遇到一樁很棘手的事。西元一八七九年夏，英國人赫德在竊取了中國海關總稅務司要職之後，妄圖進一步控制中國的海防，於是趁中國謀劃建立海軍之際，向清廷進言，表示願意幫助中國籌建海軍。他的虛情假意騙取了清廷的信任。當時一些滿洲權貴由於不滿李鴻章這個漢族官員的顯赫權勢，於是以為官無能、喪失藩屬琉球和籌建海軍無效為由，向李提出責難，並支持朝廷通過決議，成立總海防司，讓赫德總管中國的南北洋海防。這樣一改過去由南、北洋大臣兼管海防的慣例，實際上剝奪了李鴻章籌建海軍的實權。眼看大權旁落，面對朝廷的任命書，李鴻章不禁憂心如焚，愁腸百結，急忙找薛福成商量，期望找到一個補救的辦法。

薛福成仔細地分析了這件事的始終，認為關鍵不在於李鴻章的權力被削弱，而在於中國公然將國家的軍事大權拱手讓給洋人，這不但損害了中國主權，而且遺患無窮。尤其是赫德，他既「總司江海各關稅務，利權在其掌握，已有尾大不掉之勢」，如果他又掌握了中國的海軍，則會「釀無窮之患」。可是，自己只是一個五品微官，想干預朝廷改變決定，談何容易！入夜，薛福成的書房中依然燈火通明，他正在苦苦思索挽回這個險局的辦法。忽然，他靈機一動，計上心頭。於是奮筆疾書，寫成《李伯相論赫德不宜總司海防書》。第二天一早便交給了正滿腹惆悵、寢食難安的李鴻章。李鴻章讀罷，不禁面露喜色，拍案叫好，連連稱讚薛福成計高一籌。原來，薛福成抓住了赫德「陰騺而專利，怙勢而自尊」這一特點，認為赫德貪戀利權，籌建海防不過是為其謀利的一個幌子罷了。雖然總理衙門已經下達任命書，不能更改，但仍可以用正式行文方式通知赫德，總海防司這一要職不能遙控，必須親臨海濱，專司練兵，而其總稅務司一職，則需別人代替。在被告知兩者只能取其一的情況下，薛福成料定，赫德必然不會捨棄總稅務司這個肥缺。這樣，朝廷對赫德的總海防司的任命，也就成了一紙空文，兵權旁落的威脅也就解除了。

混跡官場多年的李鴻章，深知每一步都要小心謹慎。他斟酌多日，思慮周全，才致函總理衙門，詳細陳述了赫德領總海防司的種種危害，並依薛福成之計提出了補救措施。先前那些排擠李鴻章的權貴大臣見書後不禁恍然大悟：中國初振武備，卻使用「本不知兵名」的赫德，這本身就是養虎貽患。於是立即採納了李鴻章函中之策，正式行文通知赫德，總海防司一職「非可遙控」，須親赴海濱，專司練兵，並放棄總稅務司。不出薛福成所料，赫德接到公文後，思量再三，還是不忍心割捨中國的海關大權，只好強抑貪慾，表示願意放棄總海防司一職。這樣才保住中國的海防大權沒有旁落洋人之手，否則，軍權為人挾制，後果將不堪設想。京城中很快傳開，說北洋大臣李鴻章用錦囊妙計成功地粉碎了洋人赫德的陰謀。有的甚至添枝加葉，越傳越玄。人們哪裡知道，真正出謀獻計的並不是這位直隸總督，而是有匡時之略、明於料敵的五品官薛福成。

在客居北洋長達十年的日子裡，薛福成一方面恪盡職守，為李鴻章盡心盡力地辦理公務，另一方面也從未忘記自己的抱負。十九世紀七八十年代的中國，內憂未解，外患更為嚴峻：日本出兵占領琉球，將其改置為沖繩縣；沙俄侵占伊犁後，又逼迫清政府與其簽訂了喪權辱國的《里瓦幾亞條約》；秋天，西方各國公使串通一氣，脅迫中國修訂條約，全盤免除了洋貨行銷中國的釐稅……面對這些外侮，薛福成的愛國之心被深深地刺痛了，他深切地體會到，要抵禦西方列強的蠶食鯨吞，「應變而不受其侮」，必須「應之得其道」，那麼如何才能做到呢？薛福成根據自己多年對社會現實的洞悉，將自己多年反覆籌思的有關國家內政外交大計，整理成書，通過李鴻章呈遞總理衙門，「備採擇」。這篇長達二萬餘字的上書，便是奠定薛福成在中國近代史上之地位和影響的力作——《籌洋芻議》。

在《籌洋芻議》的前半部分中，薛福成詳細地闡述了獨立自主的外交立場。他反對依靠第三國的「調停」，申明在處理外交事務時要堅持原則，不能妥協退讓。

薛福成分析了中國周邊的國家，認為沙俄和日本是中國最大的威脅。他指出：這兩個國家對中國「實有吳越相圖之心」。為今之計，中國應「禦俄人之道利用柔，非柔也，化其競爭之氣也；禦日本之道利用剛，非剛也，示以振作之機也」，上下要一心，禦侮自強。薛福成還非常重視武器「先聲後實」的威懾作用，強調發展武備、練兵選將的重要性。

薛福成在《籌洋芻議》的後半部分，系統闡發了自己治理內政、振興國家的思想。他指出，中國要自強，必須捨棄腐朽的官辦形式，大力發展民族工商業，充分發揮私人辦工業企業的優越性。不應該由少數洋務派大官吏壟斷中國新型機器工業生產的主辦權，應該鼓勵那些有能力、有財力的個人以集股的方法開辦私人工業企業，政府對私人工業企業應施行減稅等優惠政策，讓他們自負盈虧，大膽經營。私人工業企業發展起來了，就能夠為國家增加稅收來源，增強國力以抵禦外敵。薛福成積極主張維護中國的關稅自主權，來保護民族工商業的發展。他說，徵稅是國家的神聖主權，面對各國提出的廢除釐金的無理要求，中國應嚴加拒絕，而不能讓列強壟斷中國市場，摧殘民族工商業的發展。

薛福成在《籌洋芻議》中正式提出了「變法」的口號，他引古論今，詳細論證，得出了不變法我將處處不如人的結論。在當時的歷史條件下，他能夠站在民族榮辱的高度，疾呼變法，這是十分難能可貴的，充分體現了他強烈的民族自信心和尊嚴感，也激勵著一切有愛國心的人。

從西元一八七五年入參北洋到《籌洋芻議》問世的五年間，薛福成始終竭心盡力為李鴻章出謀獻計，處理政務，但二者在政治觀念和節操抱負方面有很大分歧。尤其是後期，李鴻章在處理涉外事務中屢屢屈辱忍讓，喪失氣節，推行「以和為貴」的妥協外交，這與薛福成堅決抗擊外侮的主張是根本對立的。隨著時間的推移，這種對立與衝突日趨激化，突出表現在二者對待法國侵略的不同態度上。

西元一八八二年，法國進攻越南，直接威脅中國南大門。作為中國藩屬的越南王朝急忙向清廷請求支援。在這危急時刻，薛福成毅然寫成《與法蘭西立約通商保護越南論》，主張堅決抵抗法國侵略。李鴻章卻一味秉承朝廷旨意，妥協退讓，根本聽不進薛福成的進言。這樣，薛福成對這位北洋大臣澈底失望了。西元一八八四年六月，朝廷任命薛福成擔任浙江寧紹台道。這樣，薛福成終於告別了近二十年的幕僚生涯，踏上了新的征途。

四、抗法衛國

薛福成出任浙江寧紹台道，可以說是受命於危難之中。當時，法國為了打開中國的西南門戶，不惜將戰火從越南燃至中國西南邊境，並且派遣遠東艦隊從海上挑釁，封鎖珠江口，騷擾臺灣，妄圖攻占我國東南沿海城市，進而訛詐更大的利益。面臨這種時局，薛福成雖然為自己能夠得到一個施展聰明才智的機會而感到寬慰，卻又不無擔心，一則當時鎮守邊防的都是重臣宿將，而自己只不過是一個初出茅廬的四品微官，二來面對的法國侵略者又極為囂張，如果稍有失誤，就可能釀成大患。當時的浙江撫台是劉秉璋，他又給薛福成出了一個更大的難題。按常規，在大敵逼臨之際，統轄整個浙江沿海防務的重任應由撫台承擔，劉秉璋卻以「提挈綱維」為名，將防務重任全盤推給了薛福成。劉秉璋手下鎮守浙東的將領之間矛盾重重，軍隊又有「楚勇」、「淮勇」之分，彼此互不服氣，時常發生衝突，極難統轄。將這樣複雜的部隊交與薛福成，更增加了他任務的艱巨性，迫使他不僅要監察寧、紹、台三地文武官員，還得負責浙江海防事宜，督飭鎮海、寧波兩地的關稅，同時還不得不時時注意協調各級官員和將領間的關係。

在籌防浙東的過程中，薛福成不畏困難、勇挑重擔，顯示了高度的愛國心、責任感和極強的組織協調能力。一到浙江，他便不顧連日的奔波勞累，親自趕到鎮海等地視察防務。他還十分注重徵集將領的意見，廣泛聽取各方面的建議。雖然赴任只幾日，他卻很快熟悉了防務，並將各項工作布置得井井有條。尤其是他表現出的深明大義和拳拳誠心，更使大家深為感動。於是，大家盡棄前嫌，紛紛陳述己見，獻計獻策。招寶山砲臺守備吳傑提出了在海口處留出通道，用以誘敵的建議，其他各位大臣也紛紛提出了關於禦敵、軍備、後勤等各方面的意見和建議。看到大家如此踴躍，薛福成倍感欣慰，多日的勞頓一掃而光。當時的浙江提督是歐陽利見，他素來與劉秉璋不和，對其派薛福成這樣一個沒有經驗的四品文官主持海防事宜，尤其不滿。但看到薛福成上任後顧全大局，不辭辛勞，對左右謙虛周到，不擺架子，對自己又格外敬重，頓生好感。所以當薛福成向他徵求海防大計時，他便直陳己見，並表示要同仇敵愾，共禦外侮。

正當薛福成忙於防務部署的時候，法國侵略者發動了對福建馬尾軍港的突襲，毫無作戰準備的福建海軍被動作戰，全軍覆沒。清政府被迫對法宣戰。與福建毗鄰的鎮海，氣氛煞時緊張起來。薛福成顧不得有病在身，頂風冒雨巡察前沿陣地，親自落實各項防務。同時，為了防止法國奸細從中破壞，避免腹背受敵，加強了後方的安全保衛工作，限制法國人的活動，以防奸細混入。

西元一八八四年冬，春節即將來臨，浙東各處張燈結綵，人們都沉浸在濃郁的節慶氣氛中。法軍以為有隙可乘，派遣了六艘軍艦，意圖偷襲鎮海。哪知鎮海在薛福成的周密布置下，防備森嚴，法艦見到我軍嚴陣以待的戒備形勢，只好灰溜溜掉頭而去。薛福成料定法軍詭計未能得逞，定不肯善罷甘休，更加警惕，嚴密防範。西元一八八五年二月十四日，正是農曆的大年夜，薛福成正與部下布置防衛事宜，突然有報說三艘艦隻往鎮海疾馳而來。薛福成立即奔赴海口陣地，通過瞭望鏡一看，竟是三艘插著清龍旗的清朝軍艦。原來，這三艘軍艦是清朝南洋艦隊的「開濟」、「南琛」和「南瑞」號，在奉命援臺途中遭遇法國軍艦，統領吳安康貪生怕死，還未交手，掉頭就逃。為了逃脫法艦的追逐，一口氣逃進了鎮海港。對吳的作為，薛福成自是非常鄙視和憤懣，由於沒有統轄關係，也不便多言。他力勸吳安康趁法艦未到，返回江陰要塞，以確保三艦的安全，但吳安康被法國侵略者嚇破了膽，認為逃到鎮海便萬事大吉，賴在鎮海死活不走。無奈，薛福成只好將其安置妥當，採取緊急措施，準備迎敵。他一邊命令撤去鎮海海口外的燈塔、浮標，放水沉船，堵塞通道，全體官兵進入戰略狀態，時刻注意法艦動向；一邊致電南洋大臣、兩江總督曾國荃，請求臺灣、福建等地清軍抓住時機，協同作戰，重創敵人。同時，為了防止吳安康等人棄艦潛逃，他同提督歐陽利見聯銜頒發告示，嚴禁三艦官兵登岸，否則以軍法處置。對於薛福成的沉著冷靜、臨危不亂，左右將領紛紛蹺指稱道。

十六日傍晚，法艦發現了三艦的下落，立即駛入金塘海面，伺機進攻。法艦頭目孤拔自從奇襲馬尾得逞後，更是來勢洶洶。他於三月一日下午派小火輪探測進入海口的通道，結果被炮火擊潰，掩護它的一艘裝甲艦也在眾炮齊發中連中數彈，狼狽逃竄。孤拔不甘心失敗，又親自指揮三艘主力艦發起衝擊。由於將士團結一致，奮力還擊，法艦隻好掉頭而逃。此後，賊心不死的侵略頭目孤拔又指揮發起了兩次進攻，妄圖打開入港通道，偷襲招寶山威遠砲臺，但在嚴謹的防守與密集的炮火下，都以失敗告終。

強攻不成，又缺乏內應，孤拔陷入了進退兩難的境地，停留在金塘海面一籌莫展，喪失了先前的氣勢。薛福成抓住時機，一面派小股兵力，發揮靈活、快速的優勢，不斷騷擾敵艦，使其惶惶不可終日，一面積極策劃大的反攻。三月二十日夜，薛福成組織發動了對法艦的突襲。法艦毫無準備，在清軍猛烈的炮火中亂作一團，結果其旗艦連中五彈，死傷多人，孤拔身受重傷，只好倉皇南逃，再也不敢進犯浙江沿海。又月，孤拔身受重傷，病死於澎湖，結束了他罪惡的侵略生涯。

薛福成在這次海戰中表現出了極大的智慧和大無畏的精神，得到了廣大將士及浙東人民的擁戴。朝廷為表彰他的功績，授予他布政使的官銜。在他四年的苦心經營下，浙江沿海建立了比較嚴實的防線，為以後的防衛和禦敵打下了良好的基礎。

在任職浙東期間，薛福成在忙於政事的同時，仍筆耕不輟。中法戰爭以中國的不敗而敗結束之後，他利用餘暇，將籌防浙東期間的稟牘、書牘、咨札、電報以及來往公文函稿等編成《浙東籌防錄》，並將自己二十多年來的文稿分門別類，編輯成冊，題以「庸庵文編」，校排刊印。正當薛福成著手編纂《庸庵文外編》時，西元一八八八年底，他又被朝廷任命為湖南按察使。正當他即將赴任之際，情況又發生了變化。清廷免去了他湖南按察使的職務，賞二品頂戴，任命他以三品京堂候補的身分，擔任出使英法義比四國欽差大臣，從而開始了他的外交生涯。

長期以來，薛福成一直期望能親自考察西方各國的實際情況。如今終於得到了這樣一個機會，他內心自然非常興奮。西元一八八九年五月二十一日，薛福成錦衣上朝，陛辭請訓。他以自己的持重練達贏得了光緒帝的信任與欣賞。此後的一段時間，他積極為出使做準備。

五、出使四國

西元一八九〇年一月三十一日清晨，薛福成一行三十餘人，乘坐法國客輪「伊拉瓦第」號，由上海出發，開始了為期一個月的西行之旅。

薛福成為這次出使做了充分的準備。他特地選擇諳熟洋務的愛國思想家黃遵憲做助手，隨行人員也都是他多方考慮、精心挑選的。

旅途中，薛福成廣泛接觸客輪上的外籍旅客，他所表現出的淵博學識、不卑不亢的態度、積極務實的精神，給同船之人留下了深刻的印象，得到了大家的交口稱讚；同時，他還積極與屬下溝通交流，切磋思想，討論西方各國以商強國之道，探尋清國強盛之法，細研此次西行的各項目的和任務。

「伊拉瓦第」號在香港稍作停留之後，取道西貢、新加坡、科倫坡，通過蘇伊士運河和地中海，歷經三十四天的航行，薛福成一行終於在西元一八九〇年三月六日到達了法國港口馬賽。當薛福成第一次登上歐洲的土地，想到自己多年來的夙願即將變為現實，心中不禁激動萬分。

在辦完交接手續並按慣例拜會過四國元首之後，薛福成便開始了繁忙的工作。他經常穿梭於倫敦、巴黎、羅馬等繁華都市之間，除處理日常事務外，還十分注重對西方各國文化的瞭解。在法國，他登上艾菲爾鐵塔，參觀了拿破崙一世的陵寢和軍事博物館，遊覽了著名的巴黎蠟人館和油畫院；在英國，他遊覽了泰晤士河底的江底隧道，考察了著名的劍橋大學，參觀了英國海軍和軍港砲臺；在義大利，他遊覽了世界天主教的聖地——梵諦岡，參觀了古羅馬帝國的遺址、暴君尼祿的故宮、宏偉的巨型鬥獸場、氣勢磅礴的聖彼得大教堂。薛福成被這些西方文化的精華深深吸引住了。

歐洲悠久的古典文明、高超的藝術魅力、燦爛的文化成就，使薛福成大大開闊了眼界，加深了對西方文化的瞭解。在遊覽之餘，薛福成並未忘記將其精粹介紹給自家人民，留下許多膾炙人口的遊記，其中《遊巴黎蠟人館記》便是其名作之一。

薛福成對西方社會的狀況進行了深入細緻的考察，他十分推崇西方資產階級的議會民主制，認為它能夠「通君民之情」，是西方繁榮的根本所在。他說，世界各國的統治形式不外三種：君主制、民主制和君民共主制，英德的君主立憲政體便是君民共主的制度。它既沒有美國民權過重之弊，也無法國叫囂太盛之病，是理想的途徑。他提倡君主立憲，雖然也帶有害怕民眾參與政權的階級偏見，但在當時歷史條件下能提出這種思想，說明薛福成已從一個封建改良主義者變成了資產階級君主立憲制的擁護者，思想上又前進了一步。西歐各國經濟的發展，也是薛福成矚目的焦點，他通過對西歐各國工業、商貿、軍事、科技等發展狀況的比較和研究，認為歐洲各國的強盛是其「學問日新、工商日旺」的結果。這更確立了他工商立國的思想。薛福成在他的著作中以顯著篇幅介紹了西方先進的文化和教育，希望落後的祖國能一改封建科舉制度，引進西方先進科技和教育方法，培養人才，使中國富強。

雖然薛福成清楚地看到了西方各國物質和精神方面的優越性，極力呼籲學習西方，取長補短，但從不盲目崇洋。薛福成認為，妄自菲薄與夜郎自大都是不足取的。前者「驚駭他人之強盛而推之過當」，後者則認為「堂堂中國何至效法西人，意在擯絕而貶之過嚴」，都不利於清國的發展。因此，既應看到清國悠久的文化，發揮自己的聰明才智，又要認識到自己的不足，善於借鑑。薛福成充滿信心地說，只要做到這點，數千年之後，中國因西學之勢，而躍於西人之上，就是可能的。

出使期間，薛福成還為維護國家主權、保護華僑利益，作出了不懈努力。

清朝長期以來一直施行禁海政策，西元一八六〇年後被迫允許華工出洋，但沒有具體有效的保護政策。薛福成目睹了海外華人悲慘的生活，極為同情，深感在華僑集中地區設立領事館之必要。滿清政府在立約時只答應給外國人在中國設立領事館的權利，並未爭取在國外設立領事館。郭嵩燾、曾紀澤先前擬設領事館的努力，都遭到列強的阻撓而未成功。薛福成吸取郭、曾二人的經驗教訓，反覆思量，採取了嚴密的步驟。他首先照會英國外交部，以國際公法和慣例為根據，指出中國有權設立領事館駐英國屬地。在他的據理力爭下，英國政府不得不原則上同意了其要求。經過多次交涉，英國同意了清政府將駐新加坡領事館改為總領事館的要求。薛福成推薦黃遵憲擔任駐新總領事，併合力促使清廷頒布了幾條保護歸僑的規定。他還爭取到了在南洋檳榔嶼設立副領事以及在仰光設立領事館的權利。這在當時是極大的外交成就。

每當海外華僑利益遭到侵犯時，薛福成都親自出面，據理力爭，積極維護華僑利益。他還針對僑胞回國後備受歧視和冷遇的現實，多次上書，促使清政府下達諭令，善待歸僑，並頒給護照以資保護。這些舉措大大改善了海外華僑的境況。

薛福成將「收利權於西國」當作自己出使的重大使命，妥善解決了滇緬邊境界務和商務談判的棘手問題，有力維護了中國的主權。

西元一八八五年，英國出兵侵占清朝屬國緬甸，並通過西元一八八六年七月的《中英會議緬甸條款》，迫使清廷承認了其對緬甸的殖民統治。條款還規定，由中英兩國另外立約，共同議定滇緬邊界和通商事宜。薛福成不顧有病在身，通過多種途徑，積極蒐集中英兩國在緬甸問題上的談判資料，研究滇緬交界地區的歷史與現狀，就滇緬邊界和通商問題與英國進行艱難交涉。

西元一八九一年三月四日，薛福成照會英國外交部，重申了西元一八八六年《中英會議緬甸條款》中的條文，表示願意就此具體磋商，並強烈要求英國履行每隔十年由英國派遣緬甸官員向中國朝貢的允諾。英國素來以為中國軟弱可欺，但看到薛福成措詞有力、義正辭嚴的照會，大有措手不及之感。當然，貪婪成性的侵略者並未因此而放棄其侵略意圖，而是加緊了對滇緬邊境地區的增兵，不斷挑釁，妄圖製造爭端，加快侵略步驟。薛福成識破了英人的陰謀，一方面多次與英國外交部交涉，對其侵略行徑表示抗議，另一方面向總理衙門匯報，申明利害，強調談判劃定中緬邊境的重要性與迫切性。在其一再奏請下，清政府在西元一八九二年初決定，派薛福成為全權代表，就滇緬邊界問題同英國談判。

在談判過程中，英國費盡心機，千方百計加以阻撓。薛福成則據理力爭，寸步不讓。起初，英國急於同法國搶奪對華侵略利益，被迫同意談判，但在交與中國使館的《備忘錄》中矢口否認過去簽署的協議，妄圖維護其既得侵略利益。對於這種無賴潑皮之舉，薛福成大加痛斥，並以大量史料為據，表明英國只能履行前言，重新談判，顯示了他周旋到底的決心，英國沒想到向來軟弱可欺的清廷，其外交官的態度竟如此強硬。於是要求談判地點改在北京，意欲避開薛福成，換個昏庸的官僚。薛福成在徵得總理衙門同意後，正告英國當局：改變地點在時間與費用上都是一種浪費，沒有必要。英國政府只好同意於西元一八九二年九月在倫敦舉行談判。

在談判桌上，面對驕橫狂妄的對手，薛福成堅持原則，剛柔相濟，不卑不亢。對英國人的強詞奪理，薛福成引經據典予以駁斥，常常使對手啞口無言。英人見談判占不到便宜，便在邊界占領區築砲臺、修兵營，妄圖以武力恐嚇薛福成就範。薛福成料到英國人會施以威嚇，特請求清廷也在雲南邊境整軍練兵，嚴陣以待。英國政府見軟、硬兩手都不能得逞，於是又以中止談判相要挾。薛福成毫不氣餒，悉心與之周旋。經過近二年的艱苦鬥爭，終於迫使英國在《中英續議滇緬界、商務條款》上簽了字。這樣，薛福成為中國爭回了中緬邊界已被英國侵占的大片領土和多處天險關隘，捍衛了中國西南邊境的疆土。同時，中國也獲得了在緬的最惠國待遇，並在仰光設立了領事館。這是近代中國備受欺凌的外交史上一次巨大的成功。

西元一八九四年，薛福成圓滿完成了出洋使命，被召回國，擬升都察院左副都御史。他回國不久即一病不起，於光緒二十年六月十九日（西元一八九四年七月二十一日）深夜與世長辭，時年五十六歲。

薛福成病逝的消息迅速傳遍了大江南北。在上海，各界人士主動組織起來，為他舉行了隆重的葬禮。光緒皇帝也深表惋惜，特地下旨，按都御史的例行待遇祭葬薛福成，並命令國史館收集薛福成的事蹟，為其立傳。

薛福成被埋藏在風景秀麗的軍帳山麓。人們永遠懷念這位晚清著名的外交家和政治家。每當人們憶及晚清這段屈辱的歷史時，也就自然聯想到，薛福成曾以自己的才智和謀略，在極為困難的條件下巧與列強周旋，最大限度地維護了國家的權益和尊嚴。

本文主要資料來源：《薛福成選集》；丁鳳麟：《薛福成傳》；《清史列傳》卷五八，〈薛福成傳〉。

天下麒麟榜：那些年的那些謀士們 4
（大元・大明・大清篇）

作　　者　晁中辰

發 行 人　林敬彬
主　　編　楊安瑜
副 主 編　黃谷光
責任編輯　黃谷光
助理編輯　杜耘希
內頁編排　詹雅卉（帛格有限公司）
封面設計　陳膺正（膺正設計工作室）
編輯協力　陳于雯、曾國堯

出　　版　大旗出版社
發　　行　大都會文化事業有限公司
11051 台北市信義區基隆路一段 432 號 4 樓之 9
讀者服務專線：(02)27235216
讀者服務傳真：(02)27235220
電子郵件信箱：metro@ms21.hinet.net
網　　　址：www.metrobook.com.tw

郵政劃撥　14050529 大都會文化事業有限公司
出版日期　2017 年 03 月初版一刷
定　　價　280 元
I S B N　978-986-93931-0-2
書　　號　History-84

◎本書由遼寧人民出版社授權繁體字版之出版發行。
◎本書如有缺頁、破損、裝訂錯誤，請寄回本公司更換。

Cover Photography: iStock / 84867093
攝圖網 / 500183305

大旗出版 BANNER PUBLISHING　大都會文化

國家圖書館出版品預行編目（CIP）資料

天下麒麟榜：那些年的那些謀士們（大元・大明・大清篇）/ 晁中辰主編. -- 初版. -- 臺北市：大旗出版，大都會文化，2017.03
256 面；17×23 公分

ISBN 978-986-93931-0-2（平裝）

1. 傳記 2. 中國

782.21　　105020930